Theologische Studien

Neue Folge

T V Z

23

Theologische Studien

Neue Folge

herausgeben von
Thomas Schlag, Reiner Anselm,
Jörg Frey, Philipp Stoellger

Die Theologischen Studien, Neue Folge, stellen aktuelle öffentlichkeits- und gesellschaftsrelevante Themen auf dem Stand der gegenwärtigen theologischen Fachdebatte profiliert dar. Dazu nehmen führende Vertreterinnen und Vertreter der unterschiedlichen Disziplinen – von der Exegese über die Kirchengeschichte bis hin zu Systematischer und Praktischer Theologie – die Erkenntnisse ihrer Disziplin auf und beziehen sie auf eine spezifische, gegenwartsbezogene Fragestellung. Ziel ist es, theologisch interessierten Leserinnen und Lesern auf anspruchsvollem und zugleich verständlichem Niveau den Beitrag aktueller Fachwissenschaft zur theologischen Gegenwartsdeutung vor Augen zu führen.

Theologische Studien

NF 23 – 2026

Michael Roth

Die Bibel als Gefahr für die Ethik

Ein systematisch-theologischer Klärungsversuch

T V Z
Theologischer Verlag Zürich

Gedruckt mit freundlicher Unterstützung der Ulrich Neuenschwander-Stiftung.

Der Theologische Verlag Zürich wird vom Bundesamt für Kultur für die Jahre 2026–2028 mit einem Strukturbeitrag unterstützt.

Bibliografische Informationen der Deutschen Nationalbibliothek

Die Deutsche Nationalbibliothek verzeichnet diese Publikation in der Deutschen Nationalbibliografie; detaillierte bibliografische Daten sind im Internet über https://portal.dnb.de/opac.htm abrufbar.

Umschlaggestaltung: Simone Ackermann, Zürich
Druck: gapp print, Wangen im Allgäu

ISBN 978-3-290-18779-8 (Print)
ISBN 978-3-290-18780-4 (E-Book: PDF)

2. Auflage 2026

www.tvz-verlag.ch

Hersteller:
TVZ Theologischer Verlag Zürich AG
Schaffhauserstr. 316, CH-8050 Zürich
info@tvz-verlag.ch

Verantwortlicher in der EU gemäss GPSR:
Brockhaus Kommissionsgeschäft GmbH
Kreidlerstr. 9, D-70806 Kornwestheim
info@brocom.de

Weitere Informationen bezüglich Produktsicherheit finden Sie unter:
www.tvz-verlag.ch/produktsicherheit

Inhalt

Einleitung

Stellt die Bibel eine Gefahr für die Ethik dar? Möglicherweise – und zwar dann, wenn der Bezug auf biblische Texte zu einer Vernachlässigung rationaler Standards der ethischen Argumentation führt. Wenn es statt eines ethischen Arguments zu einer assoziativen, methodisch völlig unkontrollierten und daher willkürlichen Bezugnahme auf biblische Texte kommt, die eine allen zugängliche vernünftige Argumentation ersetzt. Damit wird in der Regel nichts anderes geleistet, als die eigene moralische Auffassung kundzutun und sich durch Verweis auf einen Bibelvers der Auseinandersetzung und Kritik zu entziehen. Einer mit biblischen Versen ausgestatteten Position geht es dann nicht mehr darum, Differenziertheiten und Strittigkeiten von Fragen und Problemen in einer offenen Diskussion ansichtig zu werden, vielmehr wird für sie der Anspruch erhoben, dass sie nicht zur Disposition gestellt werden kann. Damit wird das Aufklärungsinteresse der Ethik untergraben. Das Problem, das diesen Essay motiviert, ist folglich nicht, dass Menschen mittels der biblischen Schriften antike Lebensformen und antike moralische Vorstellungen in die Gegenwart transportieren wollen, sondern dass mittels des Bibelbezugs der Anspruch der Ethik auf rationale Disziplinierung der Moral unterlaufen wird. Der Essay will auch nicht behaupten, dass der Ausfall der rationalen Durchdringung von moralischen Problemen ausschließlich in Theologie und Kirche zu finden ist – hier handelt es sich vielmehr um ein gesamtgesellschaftliches Phänomen (a). Behauptet wird, dass der Ausfall der rationalen Durchdringung von moralischen Problemen im Raum von Theologie und Kirche nicht zuletzt in Gestalt einer unkontrollierten Bezugnahme auf biblische Texte auftritt (b).

Ad a: Trotz kritischer, nicht verstummender grundsätzlicher Fragen nach der Passung der Moral in der modernen Welt[1] erfreuen sich die Moral und die moralische Rede großer Beliebtheit[2]. Statt dass die moralische Rede an Bedeutung verliert, erobert sie gegenwärtig immer weitere Räume – wobei Fragen zum Status moralischer Urteile, zum Anspruch auf Rationalität und zu

---

1 Vgl. bspw. Williams, Ethik, 273; Gauthier, Kontraktualismus, 190; Schopenhauer, Preisschrift, 478; Anscombe, Moralphilosophie, 224; MacIntyre, Verlust, 15.

2 Vgl. Quante, Einführung, 16; McNaughton, Moralisches Sehen, 238; Körtner, Einführung, 2004, 1 f; Engi, Möglichkeiten, 93.

den Gefahren moralischer Rede teilweise aus Begeisterung für die Sache und im Überzeugt- und Ergriffensein von der eigenen Moralität außer Acht gelassen werden. Nicht nur hinsichtlich der Politik fällt auf, dass diese – wie Chantal Mouffe, Politikwissenschaftlerin und Professorin für Politische Theorie an der University of Westminster, betont – zunehmend «in moralischen Registern»[3] ausgetragen wird. Vielmehr werden fast alle Bereiche des Lebens der moralischen Betrachtung unterzogen. «Selbst einem flüchtigen Blick auf die aktuellen Verhältnisse» – so der Philosoph Robert Pfaller – «fällt vermutlich eine Vielzahl moralischer Appelle sowie die gehäufte Präsenz moralischer Wertungen und Verurteilungen auf. Immer mehr Menschen in westlichen Gesellschaften tendieren dazu, immer mehr Situationen ihres Alltagslebens – zum Beispiel bei der Ernährung, in der Arbeit, im persönlichen Umgang, beim Gebrauch von Verkehrsmitteln, beim Sprechen oder in der Sexualität – unter der Perspektive von Gut und Böse zu betrachten»[4]. An der allgemeinen Beliebtheit der moralischen Urteilsbildung ändern auch andere Beobachtungen wie die der Vereinzelung der Gesellschaft nichts. In einer Gesellschaft der Singularitäten, in der nicht das Allgemeine, sondern das Besondere erwartet wird, wird nicht nur das Besondere mit moralischen Qualitäten aufgeladen,[5] sondern das Moralische muss immer besonderer werden. Dabei – so eine immer wieder geäußerte Befürchtung – drohe es vor allem um moralisches selfbranding zu gehen,[6] sodass eine der Rationalität verpflichtete Analyse der Probleme und entsprechende Argumentation in den Hintergrund treten.[7] Wie man auch immer diese Gefahr beurteilt, ob man sie eher für groß hält oder als nur gering erachtet, unbestreitbar dürfte sein, dass die moralische Rede einer rationalen Einhegung bedarf. An dieser Stelle kommt die Ethik als Reflexionswissenschaft der Moral ins Spiel.[8] Sie setzt eine der Rationalität verpflichtete Argumentation an die Stelle der moralischen Empörung. Gerade angesichts gegenwärtiger moralischer Empörungsrituale ist Ethik notwendig: Hier werden in der gebotenen Nüchternheit Problemlagen konturiert und Gründe analysiert.

---

3 Mouffe, Politische, 11.

4 Pfaller, Moralisieren, 37.

5 Vgl. Reckwitz, Gesellschaft, 90 f.

6 Vgl. Sprenger, Moral; Wendt, Moralismus, 411.

7 Vgl. etwa Lotter, Schuldig, 67; Welzer, Moralismus, 13.

8 Vgl. Piper, Einführung, 17; Birnbacher, Einführung, 2; Fischer, Einführung, 30.

Ad b: Auf eine ethische Regulierung ungezügelter moralischer Rede sind auch Christinnen und Christen sowie die Institution Kirche angewiesen, ist doch – wie Friedrich Wilhelm Graf formuliert – das «Selbstverständnis beider Großkirchen in der Bundesrepublik [...] vom Anspruch geprägt, in besonderem Maße für die öffentliche Sitte und individuelle Moral zuständig zu sein. Beide Kirchen verstehen sich als die zentralen Institutionen für gesellschaftliche Wertbildung und Propagierung moralischer Normen» bzw. als «Institutionen, die Moral predigen»[9]. Gerade in den letzten Jahren betonen Kirchenvertreterinnen und Kirchenvertreter im Zusammenhang der Frage nach dem Verhältnis von Politik und Kirche gerne die ethische Orientierung, die die Kirche der Gesellschaft biete.

Einer der Rationalität verpflichteten Ethik, die die moralische Rede reguliert, bedarf jedoch auch die kirchliche und theologische Rede – dies umso mehr, je stärker sie darauf verzichten zu können glaubt. Ein solcher Verzicht geschieht beispielsweise dann, wenn die Berufung auf das prophetische Amt der Kirche die rationale und ausgewogene Argumentation ersetzt,[10] nach dem Motto: Wer prophetische Vollmacht hat, der ist davon dispensiert, seine Position zu plausibilisieren.[11] Nicht selten geht der Ausfall rationaler Argumente

---

9 Graf, Protestantismus, 218.

10 Dies ist beispielsweise bei Heinrich Bedford-Strohm der Fall, wenn er zu Beginn seiner Zeit als bayerischer Landesbischof formuliert: «Die prophetische Dimension öffentlichen Redens der Kirche ist schon allein deswegen unverzichtbar, weil es eine zutiefst biblische Dimension ist. Für die Propheten Amos, Jesaja oder Jeremia war nicht die Ausgewogenheit das vorrangige Ziel, sie kamen auch nicht auf die Idee, eine möglichst verlässliche wissenschaftliche Expertise einzuholen, bevor sie sprachen. Sie brachten da eine leidenschaftliche moralische Empörung zum Ausdruck, wo ganz offensichtlich Unrecht vor ihren Augen passierte, wo menschliche Verhaltensweisen in offensichtlicher Weise den Geboten Gottes widersprachen, wo etwa die Armen ausgebeutet wurden und schreiende Ungerechtigkeit mit Spiritualität und Kult übertüncht wurde. Dagegen erhoben sie Einspruch, indem sie die Stimme Gottes hörbar zu machen versuchten: ‹Ich bin euren Feiertagen gram und verachte sie und mag eure Versammlungen nicht riechen. Und wenn ihr mir auch Brandopfer und Speiseopfer opfert, so habe ich keinen Gefallen daran und mag auch eure fetten Dankopfer nicht ansehen. Tu weg von mir das Geplärr deiner Lieder, denn ich mag dein Harfenspiel nicht hören! Es ströme aber Recht wie Wasser und die Gerechtigkeit wie ein nie versiegender Strom› (Amos 5, 21–24)» (Bedford-Strohm, Öffentliche Theologie und Kirche, 12 f). Vgl. hierzu kritisch: Roth, Propheten, 75–93.

11 Hier hat bereits Graf, Munus Propheticum, alles Entscheidende gesagt.

Hand in Hand mit einer Bezugnahme auf biblische Texte.[12] Es lassen sich Tendenzen beobachten, statt rational zu argumentieren, in einer Weise auf biblische Texte zu verweisen, die eigentlich jeder und jedem verwehrt sein müsste, die und der ein exegetisches Proseminar an einer staatlichen Universität absolviert hat und mit dem neuzeitlichen Problembewusstsein rudimentär vertraut ist.[13]

Im Folgenden werde ich versuchen, die Bedeutung der Bibel für die theologische Ethik zu ermitteln. Diese Klärung dient dem fundamentalen Interesse an theologischer Rationalität und argumentativen Standards der protestantischen Ethik; denn gerade die Verwendung der biblischen Texte scheint eine besondere Gefahr für die Standards der ethischen Argumentation darzustellen. Mit dem Verweis auf biblische Texte wird oftmals der Anspruch erhoben, eindeutige ethische Wahrheiten zu verkünden, weil diese als direkt aus dem geoffenbarten Buch abgeleitet und dadurch nicht zur Disposition stehend dargestellt werden.[14] Besonders tragisch ist dies, wenn eine solche autoritäre, jede Rationalität verachtende Vorgehensweise unter der Parole «sola scriptura!» als reformatorisch ausgegeben wird. Sie ist – um es vorwegzunehmen – das Gegenteil.

Ich werde in einem ersten Schritt Probleme verdeutlichen, vor die die theologische Ethik durch eine Bezugnahme auf biblische Texte gestellt wird. Insofern sich zeigen wird, dass die biblischen Texte ihre Bedeutung für Christinnen und Christen nicht an und für sich haben, sondern ausschließlich als

---

12 Als Beispiel kann das in Anm. 10 genannte Zitat von Bedford-Strohm dienen. – So urteilt auch Patrick Papenbrock in seiner 2025 an der Ev.-Theol. Fakultät der Universität Mainz eingereichten Dissertation, dass ein unreflektierter Bezug auf biblische Texte eine wesentliche Ursache dafür ist, dass protestantische Ethik oftmals daran scheitert, ethische Argumente in einer nachvollziehbaren und rationalen Weise darzulegen. Darüber hinaus verdeutlicht Papenbrock zwei weitere problematische Begründungsfiguren innerhalb der theologischen Ethik, die dazu führen, rationale Standards zu unterlaufen: zum einen das Vorgehen, aus Glaubenssätzen vorschnell etwas abzuleiten, zum anderen das Vorgehen, sich auf kirchliche Autoritäten als Legitimation einer ethischen Ansicht zu berufen (vgl. Papenbrock, Geist, 3–8).

13 Grundlegend für diese Fragestellung sowie für den vorliegenden Essay ist die Studie von Lauster, Prinzip und Methode. Qualität und Bedeutung der Studie von Lauster verkannt zu haben, ist der intellektuell bescheidenen Rezension von Roth 2005 gelungen.

14 Vgl. hierzu auch: Albrecht/Anselm, Öffentlicher Protestantismus, 29–36.

Mittel in der Kommunikation des Evangeliums, werde ich in einem zweiten Kapitel nach der Bedeutung von Glaube und Glaubenswissen für die theologische Ethik fragen. In einem abschließenden kurzen dritten Kapitel werde ich die Bedeutung der biblischen Texte für die theologische Ethik darlegen.

Zwei Ergebnisse werden zutage treten:

Erstens: Die biblischen Texte können nicht als ethische Ratgeber fungieren. Stattdessen haben sie für Christinnen und Christen eine Bedeutung als Mittel im Verstehen und in der Kommunikation des Evangeliums (d. h. als Schrift).

Zweitens: Biblische Texte bilden auch in der theologischen Ethik keinen Begründungshorizont. Sie tauchen daher im ethischen Argument selbst nicht auf. Die Aufgabe eines theologischen Ethikers und einer theologischen Ethikerin besteht nicht darin, nach biblischen Texten oder gar einzelnen biblischen Versen zu suchen, die die eigene – rational unausgewiesene – Position für sakrosankt erklären und so zementieren, sondern darin, wie philosophische Ethikerinnen und Ethiker auch zu einer rationalen Argumentation anzuleiten. Damit ist nicht bestritten, dass sich theologische Ethikerinnen und Ethiker in irgendeiner Weise der christlichen Tradition verantwortlich wissen. Daher kann die theologische Ethikerin / der theologische Ethiker in einem der ethischen Reflexion folgenden Schritt, der – das ist entscheidend – nicht mit der ethischen Argumentation selbst verwechselt und vermischt werden darf, sich selbst und auch anderen verdeutlichen, inwiefern sie/er sich als Teil der christlichen Tradition versteht. Wenn für eine protestantische Ethikerin und einen protestantischen Ethiker hier auch sicherlich die Bibel nicht der primäre Anknüpfungspunkt ist, sondern die reformatorische Rechtfertigungslehre, werden in diesem kulturhermeneutischen Akt, der die religiöse Grundierung der eigenen Argumentation zu verstehen sucht, immer auch die biblischen Texte in den Blick genommen, denen die christliche Tradition einen wichtigen Impuls verdankt.

1 Die Bibel als Problem für die Ethik

1.1 Die Forderung nach einer schriftgemäßen evangelischen Ethik

«Die Bibel» – so Albrecht Beutel – «ist das konstitutive ikonographische Attribut des Reformators. Bei allen Lutherdenkmälern, die das 19. Jahrhundert hervorgebracht hat – vom ersten, monumentalen Standbild, das Johann Gottfried Schadow 1821 in Wittenberg errichtete, bis zu Jakob Brüllmanns Stuttgarter Reformationsdenkmal von 1917 – hält Luther das Buch der Bücher in Händen»[15]. Auch der anlässlich des Reformationsjubiläums 2017 auf den Markt gebrachte «Playmobil-Luther» verzichtete ebenfalls nicht auf eine entsprechende Miniaturnachbildung einer Bibel. Die Verbindung von Bibel und Reformation bestimmt das öffentliche Bewusstsein bis heute: Luther, der den Menschen die Bibel in ihrer Sprache gegeben und diese von der Macht des kirchlichen Lehramtes befreit hat. So gilt das *sola scriptura* als «Herzstück protestantischer Identität»[16] und als Grundaxiom der protestantischen Theologie.[17] Allerdings ist daran zu erinnern, dass zunächst noch zwischen dogmatischer und ethischer Theoriebildung unterschieden wurde. Im lutherischen Protestantismus wurde das Schriftprinzip zwar für die dogmatischen Aussagen in Anspruch genommen, doch galt dies nicht in gleicher Weise für die ethischen Überlegungen. Hatten die Reformatoren zunächst keine separate Darstellung der theologischen Ethik vorgelegt, so bot Philipp Melanchthon in Neurezeption des Aristoteles eigene Lehrbücher der philosophischen Ethik (Epitome philosophiae moralis, 1538; Ethicae doctrinae elementa, 1550).[18] Bei Melanchthon wird die Ethik im strengen Sinne aus der Theologie und den hier reflektierten Aussagen des Glaubens ausgeklammert und auf die Vernunft gegründet, sodass die Vernunftgemäßheit der Maßstab der Ethik ist. Spätestens seit Mitte des 20. Jahrhunderts ist aber auch die theologische Ethik allgemein mit dem Anspruch konfrontiert, «schriftgemäß» zu sein. Die Schrift – so wird heute gemahnt – sei der theologischen Ethik bleibend aufgegeben;[19] denn es gehe darum, «dass Kirche und Theologie immer wieder neu bei der Schrift anzusetzen haben, um von dort ausgehend nicht nur sich

---

15 Beutel, Neuzeit, 154.

16 Alkier, Hermeneutik, 95.

17 Zum Stellenwert der Schrift in evangelischer und katholischer Tradition vgl. die jüngst erschienene Studie von Meihofer, Schrift.

18 Vgl. Reuter, Grundlagen, 22–24.

19 Vgl. etwa Dabrock, Gebrauch, 277.

selbst, sondern auch die gegenwärtige Gesellschaft zu prägen, zu erneuern und lebendig zu gestalten»[20]. Im Blick auf dieses Verständnis lässt sich auch die Forderung nach einer stärkeren Verbindung von Ethik und Exegese verstehen. Bereits vor 30 Jahren beklagte James M. Gustafson: «Den Spezialisten im Bereich der Ethik fehlt im Allgemeinen die intensive und angemessene Schulung in den biblischen Wissenschaften und denen, die Spezialisten in den biblischen Wissenschaften sind, fehlt es an der Ausgebildetheit des ethischen Denkens»[21]. Und Marco Hofheinz formuliert emphatisch: «Sollte sich der Vollzug ethischer Urteilsbildung gegenwärtig bewusst oder unbewusst vom Einfluss der Exegese separieren und damit immunisieren wollen, wäre dies ohne Zweifel Anlass genug, mit Karl Barth auszurufen: ‹Exegese, Exegese und noch mal Exegese›»[22]. Ist aber tatsächlich das gegenwärtige Problem der theologischen Ethik, dass die biblischen Texte nicht genug berücksichtigt werden, obwohl diese zu ethischen Problemen der Gegenwart so viel beizutragen hätten?

Ein genauerer Blick zeigt, dass hinsichtlich der Frage nach der Schriftgemäßheit ganz unterschiedliche Wahrnehmungen vorliegen: Die einen beklagen, dass gegenwärtig die Bibel in der theologischen Ethik keine Rolle mehr spiele,[23] während andere klagen, dass das Problem nicht darin besteht, dass die Bibel irgendwie ausgedient hat, sondern der Bibelmissbrauch in der ethischen Argumentation fröhliche Urständ feiert. So spricht Jörg Lauster in diesem Zusammenhang von einer «zwischen Nostalgie, Fundamentalismus und Naivität changierende[n] Auffassung»[24]: «Noch in gegenwärtigen kirchlichen Stellungnahmen lässt sich die Neigung beobachten, Aussagen meist noch in normativer Aufladung umstandslos durch Bibelzitate in seltsamer Arg- und Lieblosigkeit abzusichern. Die Erfordernisse eines der gegenwärtigen Kultur angemessenen Umgangs mit der Bibel werden dabei erschreckend unterboten»[25]. Konsequenz dieses Vorgehens sei, dass man außerhalb der eigenen, immer enger werdenden Kreise kein Gehör mehr findet. Auf ein mangelndes historisches Bewusstsein macht auch Christian Polke

---

20 Cramer, Präzedenz, 21.

21 Gustafson, Schrift, 246.

22 Hofheinz, Einleitung, 17.

23 So bspw. Hofheinz, Wahrnehmen, 65; Ohly, Begriffe, 11. Marianne Heimbach-Steins sieht in der Ethik eine «neue Offenheit» für die Bibel, nachdem sie längere Zeit eine «weitgehende ‹Bibelvergessenheit› moderner theologischer Ethik» (Heimbach-Steins, Bibel, 315) beobachtete.

24 Lauster, Systematische Theologie, 181.

25 Ebd.

aufmerksam: «Die sog. ‹Krise des Schriftprinzips› (Pannenberg), deren Rückseite eine Rückkehr zum Schriftfundamentalismus darstellt, der meint, in einem ahistorischen Blick in den biblischen Texten ein Moralrezeptbuch für die Gegenwart zu erkennen, ist noch lange nicht ausgestanden»[26]. In diese Richtung formuliert auch Martin Laube, wenn er von Ansätzen innerhalb der Exegese spricht, «die unter Ausblendung aller Regeln des historischen Bewusstseins den unmittelbar-normativen Übersprung von den biblischen Texten in die Gegenwart vollziehen. Hier wird die Exegese zu einem katechetischen Bibelfundamentalismus»[27]. Eine problematische Bezugnahme auf die biblischen Texte bemerkt Ulrike Peisker gerade bei ethischen Themen und Fragestellungen: Zwar gelte – so Peisker – «als *common sense,* dass in Bezug auf die biblischen Texte zunächst historische Einsichten formuliert werden können, die nicht ohne Weiteres auf gegenwärtige Zusammenhänge übertragbar sind. Blickt man auf die Behandlung ethischer Fragen der alt- v. a. aber neutestamentlichen Wissenschaft, fällt allerdings auf, dass es Tendenzen gibt, hinsichtlich ethischer Aussagen den historischen Entstehungskontext der biblischen Texte nicht in gleicher Weise hervorzuheben. Mitunter finden sich Positionen, die in den biblischen Texten mehr oder weniger auch für heutige Zusammenhänge gültige ethische Aussagen entdecken zu können meinen. Von Auffassungen, die bspw. eine zeitgemäße Sexualethik für durchaus kompatibel mit paulinischen Aussagen wie in 1Kor 5–7 halten – wenn nicht sogar in Teilen durch derlei (ur)christlich dokumentierte Ansichten grundgelegt sehen, über die Formulierung zumindest einer ‹Grundorientierung menschlichen Verhaltens› anhand der neutestamentlichen *agapē,* die dann für aktuelle Kontexte wie eine zeitgemäße Sexualethik zu konkretisieren sei, bildet sich hier eine ganze Bandbreite an Haltungen ab. Die Positionen innerhalb dieses Spektrums sind dabei von solchen unterschieden, die auch in ethischen Dingen – der Bereich der Sexualethik ist nur ein Beispiel – die Aussagekraft biblischer Texte auf ihre historische Auskunftsfähigkeit beschränkt sehen»[28].

Hinter der Frage, ob sich die Ethik zu stark von der Bibel entfernt und damit die Forderung nach Schriftgemäßheit preisgegeben habe oder ob eventuell das Problem in einem die neuzeitlichen Erkenntnisse verachtenden Bibelgebrauch besteht, taucht das eigentliche Problem auf: In den unterschiedlichen Zusammenhängen ist vielfach ungeklärt, was mit «schriftgemäß»

---

26 Polke, Was könnte das sein, 159.

27 Laube, Anfragen, 27.

28 Peisker, Vergebung, 223 f.

eigentlich gemeint ist. Durchaus zu Recht formuliert Jörg Lauster pointiert: «Dieses Gebot der Schriftgemäßheit wird zwar stets mit emphatischem Pathos wiederholt, doch ist keineswegs klar, was ‹schriftgemäß› heißen soll. Die Bandbreite möglicher Interpretationen ist enorm. Sie reicht von der fundamentalistischen Forderung nach einer wörtlichen Übereinstimmung von Lehraussagen mit dem biblischen Text bis hin zu einer sehr freien Auslegungslinie»[29]. «Schriftgemäß» ist nach Lauster ein schwieriges Wort, dessen Status von nichtssagend bis klärungsbedürftig reiche.[30] Aufgrund der mangelnden Klärung wendet sich daher Lauster gegen die «gebetsmühlenartig wiederholte Forderung, alle Lehr- und Reflexionsaussagen der Theologie müssten biblisch begründbar sein»[31]. Kann – so fragt er – die Bibel überhaupt die Funktion haben, die theologische Lehrbildung zu begründen?[32] Damit sind wir bei einer entscheidenden Frage angekommen, nämlich der, was «schriftgemäß» überhaupt bedeuten kann und welche Forderungen hieraus zu erheben sind.

1.2 Schriftgemäßheit als Problem (am Beispiel der EKD-Orientierungshilfe «Zwischen Autonomie und Angewiesenheit», 2013)

Im Blick auf kirchliche Erklärungen herrscht auf weiten Strecken in der Tat – um die Wendung von Jörg Lauster aufzunehmen – ein zwischen Nostalgie, Fundamentalismus und Naivität changierender Umgang mit biblischen Texten vor. Wenn auf kirchlichen Synoden den jeweiligen Theologischen Ausschüssen zur Aufgabe gemacht wird, bestehenden Erklärungen noch (nachträglich) eine theologische Begründung hinzuzufügen, nehmen die Synodalen das in der Regel schwungvoll in Angriff und kommen durch Verzierung der Positionen mit Bibelversen ihrer theologisch als naiv zu beurteilenden Neigung zu unmittelbarer biblischer Argumentation auf fast anrührende Weise nach.[33] Nicht selten werden sie dabei – nicht weniger anrührend – auch von (teilweise sogar exegetischen) Fachvertretern sekundiert, die sich darüber freuen, dass Worte und Wendungen aus den biblischen Texten (Gotteben-

---

29 Lauster, Entzauberung, 74 f.

30 Vgl. a. a. O., 74.

31 A. a. O., 73.

32 Vgl. a. a. O., 76.

33 Vgl. Roth, Oft zu einseitig, 20 f.

bildlichkeit steht hier besonders hoch im Kurs) allgemeinen Anklang und fröhliche Verwendung finden.[34]

Im Folgenden sei dieser merkwürdige Bibelfundamentalismus im liberalen Gewand an der EKD-Orientierungshilfe «Zwischen Autonomie und Angewiesenheit» aus dem Jahr 2013 verdeutlicht. In dieser Orientierungshilfe soll der Vorstellung gewehrt werden, dass die (Ein-)Ehe der Natur des Menschen eingeschrieben sei, die Ehe daher auch nicht als einzig mögliche Lebensform zu betrachten sei.[35] Die Orientierungshilfe formuliert: «Wo Menschen auf Dauer und im Zusammenhang der Generationen Verantwortung füreinander übernehmen, sollten sie Unterstützung in Kirche, Gesellschaft und Staat erfahren. Dabei darf die Form, in der Familie und Partnerschaft gelebt werden, nicht ausschlaggebend sein. Alle familiären Beziehungen, in denen sich Menschen in Freiheit und verlässlich aneinander binden, füreinander Verantwortung übernehmen und fürsorglich und respektvoll miteinander umgehen, müssen auf die Unterstützung der evangelischen Kirche bauen können»[36]. Der tiefgreifende soziale und kulturelle Wandel zwinge dazu, Familie neu zu denken und auch die Vielfalt der nicht-ehelichen Lebensformen zu unterstützen und anzuerkennen. Folglich werden von der Orientierungshilfe auch gleichgeschlechtliche Partnerschaften, in denen sich Menschen zu einem verbindlichen und verantwortlichen Miteinander verpflichten, als gleichwertig anerkannt.[37] Nun sind sicherlich die meisten Positionen der Orientierungshilfe inhaltlich zu unterstützen. Problematisch ist aber das, was die Orientierungshilfe unter einer theologischen Begründung versteht: nämlich den Ausfall jeder nachvollziehbaren Argumentation zugunsten einer merkwürdig unkontrollierten und unmethodischen Assoziation biblischer Texte mit den jeweiligen Thesen, die relativ schamlos als theologischer Gedankengang ausgegeben wird, wodurch fahrlässig das diskreditiert wird, was «theologischer Gedankengang» zu heißen verdient. Dadurch kommt es zu dem merkwürdigen Umstand, dass Kapitel 5 der Orientierungshilfe, die «Theologische Orientierung»[38], das schwächste und gedanklich verwirrendste Kapitel der ganzen Schrift ist.

Kapitel 5 der Orientierungshilfe betont zunächst, dass ein Verständnis der Ehe als *göttliche* Stiftung und eine Herleitung der traditionellen Geschlechter-

---

34 Dies ist der Fall bei Saur, Zeichen, 46 f.

35 Vgl. Kirchenamt der EKD, Orientierungshilfe, 60.

36 A. a. O., 141.

37 Vgl. a. a. O., 66.

38 Vgl. a. a. O., 54–71.

ordnung aus der Schöpfungsordnung «nicht der Breite des biblischen Zeugnisses [entspricht]»[39]. Wohl aber sei der Mensch auf ein Gegenüber angewiesen, sodass die Ehe als gute Gabe Gottes zu bewerten sei: «Dabei wird ernst genommen, dass es in der Ehe keine Garantie für menschliches Glück gibt, vielmehr gilt das Trauversprechen gerade ‹in guten wie in bösen Tagen›. Denn ‹es ist nicht gut, dass der Mensch allein sei›»[40]. Die Orientierungshilfe formuliert: «Über der inneren Zustimmung zu dieser Erfahrung kann in den Hintergrund treten, was uns heute in diesen Texten fremd ist, etwa dass das Schöpfungsgeschehen vom Mann her gedacht ist, die Frau als ‹Gefährtin› des Mannes verstanden wird, als ‹Hilfe, die ihm gleich sei› – oder dass das Paar einander, vor allem aber die Frauen ihren Ehemännern ‹untertan sein sollen›, weil ‹der Mann des Weibes Haupt› sei (Eph 5)»[41]. Wichtig sei, «dass die Bibel im Alten und Neuen Testament das familiale Zusammenleben in einer großen Vielfalt beschreibt»[42]. «Nach heutigen Begriffen gibt es Patchwork-Konstellationen wie bei Abraham, Sarah und Hagar mit ihren Kindern, zusammenlebende Geschwister wie bei Maria und Martha und tragende Beziehungen zwischen Familienmitgliedern verschiedener Generationen wie bei Rut, Orpa und Noomi»[43]. Dabei seien heute einige leichter nachvollziehbar als andere. Andererseits sei grundsätzlich zu bedenken, dass «im alten Israel mit der Heirat ein patriarchales Eigentumsverhältnis konstituiert wurde»[44]. Nach diesem Hinweis auf die historische Abständigkeit der Texte erfahren wir dann aber wieder: «In den Texten des Neues Testaments wird deutlich: Das Miteinander in Ehe und Familie ist wichtig, ist aber nicht die einzig mögliche Lebensform»[45]. Von hier aus wird darauf hingewiesen, dass der Zugehörigkeit zur Familie Gottes der Vorrang gebührt.[46] Es folgen weitere Assoziationen zu biblischen Textstellen. So erfahren wir, dass das Scheidungsverbot Jesu die Situation voraussetze, dass Frauen keine eigenen Rechte hatten, abhängig und schutzlos waren, dennoch auch heute noch «die Paare und Eltern an ihre Verantwortlichkeit [erinnert] und […] Kirche und Gesellschaft deutlich [macht], dass Verlässlichkeit und Treue für jede Gemeinschaft konstitutiv sind, weil sie die Schwächeren schützen und damit erst den Spielraum für Freiheit und Ent-

---

39 A. a. O., 54.
40 A. a. O., 55.
41 A. a. O., 55 f.
42 A. a. O., 56.
43 Ebd.
44 A. a. O., 57.
45 A. a. O., 60.
46 Vgl. a. a. O., 60 f.

wicklung eröffnen»[47]. Ebenso schwierig sind die Passagen zur Segnung von homosexuellen Paaren, weil sie vom Biblizismus auf der einen Seite zur völligen Beliebigkeit auf der anderen Seite hin- und hergehen: «Deutet man die biblischen Aussagen, in denen Homosexualität als Sünde gekennzeichnet wird (Lev 18,22; 20,13; Röm 1,26–27), als zeitlos gültig, kann man zu der Meinung kommen, eine homosexuelle Partnerschaft sei mit einer heterosexuellen keinesfalls vergleichbar. Allerdings gibt es auch biblische Texte, die von zärtlichen Beziehungen zwischen Männern sprechen»[48]. Entscheidend sei, dass der Mensch als ein Wesen beschrieben werde, das zur Gemeinschaft bestimmt sei, und durch das biblische Zeugnis hindurch «als ‹Grundton› vor allem der Ruf nach einem verlässlichen, liebevollen und verantwortlichen Miteinander [klingt]»[49]. Ferner erfahren wir: «Liest man die Bibel von dieser Grundüberzeugung her, dann sind gleichgeschlechtliche Partnerschaften, in denen sich Menschen zu einem verbindlichen und verantwortlichen Miteinander verpflichten, auch in theologischer Sicht als gleichwertig anzuerkennen. Nutzen homosexuelle Menschen heute die rechtliche Möglichkeit der eingetragenen Partnerschaft, dann erklären sie, wie heterosexuelle Menschen bei der Eheschließung, öffentlich ihren Willen, sich dauerhaft aneinander zu binden und füreinander Verantwortung zu tragen»[50].

Der gesamte Abschnitt beginnt mit dem Satz: «Angesichts der Vielfalt biblischer Bilder und der historischen Bedingtheit des familialen Zusammenlebens bleibt entscheidend, wie Kirche und Theologie die Bibel auslegen und damit Orientierung geben»[51]. Bereits dieser Satz ist wenig klärend, weil er einerseits insinuiert, Ausgangspunkt aller ethischen Überlegungen sei der Blick in die Bibel, andererseits aber gleichzeitig die Unmöglichkeit verdeutlicht, mithilfe der biblischen Texte ein Urteil zu gewinnen; zum einen, weil es in den biblischen Texten eine Reihe auch widersprechender Aussagen gebe, zum anderen, weil die biblischen Aussagen historisch bedingt seien und nicht ohne Weiteres in der Gegenwart Anwendung finden können. Wonach entscheidet sich aber dann das, was nach Auskunft der Orientierungshilfe so entscheidend ist, nämlich wie etwas ausgelegt wird, das heißt, welche biblischen Stellen als zentral erachtet werden und welche biblischen Stellen nur als zeitbedingter

---

47 A. a. O., 62.

48 A. a. O., 66.

49 Ebd. Dabei muss freilich klar sein, dass es in den biblischen Schriften ohnehin an keiner Stelle um Homosexualität im heutigen Sinne geht.

50 Ebd.

51 A. a. O., 54.

Ausdruck des als zentral Erachteten gelten? Die Orientierungshilfe springt hin und her zwischen der Betonung, dass dieses oder jenes zeitlich bedingt ist, und dem Hinweis auf Dinge, an die aus heutiger Perspektive angeknüpft werden könnte. Dabei scheint ausschließlich das subjektive Interesse die Auswahl und Anknüpfung zu lenken, oder – mit Ulrich H. J. Körtner formuliert: «[D]ie Bibel [dient] der vorliegenden Orientierungshilfe eigentlich nur als Stichwortgeber für die eigenen Positionen, die schon vorher feststehen»[52].

Nun ist ein subjektives Interesse bei der Auswahl der Bibelstellen kein Problem, ebenso wenig, dass eine Position bereits feststeht, mit der man an die biblischen Texte herantritt; wir werden vielmehr sehen, dass es gar keine Alternative zu diesem Vorgehen gibt – allerdings muss dieses Vorgehen dann durchsichtig gemacht werden und der (nachträgliche) Bezug auf die biblischen Texte darf sich dann nicht als Begründung des zu Begründenden gerieren. Als problematisch zu beurteilen ist, dass die eigene Position nicht argumentativ untermauert wird, sondern die notwendige Argumentation durch assoziative Anknüpfungen an biblische Texte ersetzt zu werden scheint. Dieser «Ton frommer Unmittelbarkeit»[53] führt zu der kuriosen Aussage, die Sklavenbeziehung von Abraham und Hagar als Vorbild einer modernen Patchworkfamilie darzustellen (s. o.).[54] Der methodisch unkontrollierte Bezug auf die Bibel versucht zu überspielen, dass gar kein theologischer Argumentationszusammenhang vorhanden ist. Vielmehr – so beobachtet Körtner zu Recht – wird lediglich nachvollzogen, «was sich ohnehin im staatlichen und gesellschaftlichen Bereich an Entwicklungen abspielt»[55]. Klaus Tanner macht in diesem Zusammenhang mit nicht weniger Recht darauf aufmerksam, dass die entscheidenden Weichenstellungen in dem juristischen Teil der Orientierungshilfe vorgenommen werden, insofern über eine Beschreibung der Rechtslage eine normative Orientierung eingebracht werde.[56] Die Beschreibung einer Rechtslage kann aber eine argumentative Auseinandersetzung ebenso wenig ersetzen wie Assoziationen zu biblischen Texten.

Auch von der Seite der neutestamentlichen Wissenschaft kann die Orientierungshilfe nicht überzeugen, wie der Mainzer Neutestamentler Friedrich Wilhelm Horn in aller wünschenswerten Klarheit deutlich macht. So bestreitet Horn, dass das Neue Testament andere familiäre Lebensformen

---

52 Körtner, Hauptsache, 34.

53 Tanner, Überlegungen, 18.

54 Vgl. Löwe, Desorientierung, 173.

55 Körtner, Hauptsache, 33.

56 Vgl. Tanner, Überlegungen, 17.

als die der Ehe kenne. Außer asketischen, zölibatären Ausrichtungen sei keine andere partnerschaftliche Lebensform zu erkennen.[57] «Auch wenn im Urchristentum das Bewusstsein herrscht, neue Schöpfung (2 Kor 5,17; Gal 6,15), Familie Gottes (Mk 3,33–35), geistbegabt (1 Kor 3,16; Röm 8,9 u. a.), Grenzgänger zur Welt (Joh 15,19; 1 Kor 7,29–31) etc. zu sein, so hat dies im Urchristentum in der Frühzeit jedenfalls doch nicht zur Etablierung anderer und alternativer partnerschaftlicher Lebensformen geführt»[58]. Ferner kritisiert Horn, dass in der Orientierungshilfe nicht unterschieden werde zwischen dem, was im Neuen Testament als theologische Aussage gelte, und dem, was sozialgeschichtlich als Lebenswirklichkeit erkennbar sei. Vielmehr greife die Orientierungshilfe des Öfteren auf Beispiele der Lebenswirklichkeit zurück, um von diesen ausgehend gegenwärtige Orientierung abzuleiten.[59] «Als Beispiel verweise ich auf den Satz, dass in biblischen Texten auch von zärtlichen Berührungen zwischen Männern gesprochen werde […]. Dieses Verfahren aber ist hermeneutisch nicht statthaft, da solche Verweise keine normative Kraft haben können. Ich erkenne wohl, dass es im frühen Christentum eine Infragestellung der Ehe gegeben hat, sehe aber auch deutlich, dass nicht für eine andere Lebensform als die der Ehe geworben wird. Homosexuelle Lebenspartnerschaften mögen vorgekommen sein, sind aber innerhalb der neutestamentlichen Ethik grundsätzlich undenkbar»[60].

Im Blick auf die Orientierungshilfe lässt sich ein allgemeines Phänomen beobachten, nämlich dass oftmals «allein das Auslegungsinteresse das Ergebnis der Auslegung lenkt»[61]. Allerdings ist diese Tendenz auch bei wesentlich anspruchsvolleren Versuchen, biblisch zu begründen, eine ernst zu nehmende Gefahr. Bleiben wir bei dem in der Orientierungshilfe angesprochenen Thema der gleichgeschlechtlichen Partnerschaften. Aufschlussreich sind die Erörterungen des Themas bei dem Ethiker Peter Dabrock und dem Neutestamentler Peter Lampe. Zunächst: Im Unterschied zu der bereits kritisierten Bezugnahme der Orientierungshilfe auf die biblischen Belege erkennen sowohl Dabrock als auch Lampe: «Homosexualität wird auf breiter Front in der Bibel abgelehnt» (Dabrock) bzw. «Natürlich brechen die […] Bibelstellen den

57 Vgl. Horn, Stellungnahme, 22 f.

58 A. a. O., 23.

59 Vgl. ebd.

60 Ebd. Dies bedeutet freilich nicht, dass Horn mit diesen Ausführungen gegen homosexuelle Partnerschaften Stellung bezieht. Vielmehr bejaht er sie aus theologischen Gründen ausdrücklich, ohne zu verkennen, dass er sich «mit dieser Entscheidung klar gegen biblische Vorgaben» (ebd.) positioniert.

61 Lauster, Systematische Theologie, 201.

Stab über jedwede gleichgeschlechtliche Praxis» (Lampe).[62] Beide wollen nun nicht biblizistisch, aber dennoch mit der Bibel argumentieren. Dabrock will aus Kombination von Gal 3,28 und Phil 2,5 einen identitätsethischen Ansatz gewinnen, von dem aus Homosexualität bedacht werden soll.[63] In ähnlicher Weise will Lampe vorgehen, insofern er die gegen die Homosexualität gerichteten Bibelstellen innerhalb des Kanons in ihrer Normativität relativiert, und zwar «durch Sachkritik an der Bibel mit der Bibel selbst, also nicht leichter Hand mit Vorstellungen, die wir aus der Moderne oder Postmoderne mitbringen, um den Bibeltext als veraltet zu erklären, das wäre zu billig»[64]. Lampe schlägt vor, 1Kor 7,3–6 in die Debatte einzuführen und so «die Kriterien und den Gedankengang, die Paulus zur Begründung der heterosexuellen Ehe benutzt, auf homosexuelle Partnerschaften anzuwenden – vorurteilslos»[65]. Natürlich haben solche Vorgehensweisen ihren Ort. Allerdings darf nicht verkannt werden, dass durch das von Dabrock und auch Lampe vorgeführte Verfahren keine Position gewonnen werden kann, sondern diese vielmehr vorher schon feststehen muss. Es ist ja nicht so, dass Dabrock und Lampe sich fragen, wie sie homosexuelle Partnerschaften zu beurteilen haben, und von hier aus in die Bibel schauen; vielmehr führt sie ihr Plädoyer für die Akzeptanz homosexueller Partnerschaften dazu, zu überlegen, auf welche Weise eine solche Position an der Bibel Anhalt finden kann. In diesem Zusammenhang kann es durchaus sinnvoll sein, die Stelle 1Kor 7,3–6 in die Debatte einzuführen. Allerdings ist es keineswegs zwingend, dies zu tun. Die Stelle 1Kor 7,3–6[66], die von dem Verhältnis von Mann und Frau spricht, und die Aussagen gegen Homosexualität könnten durchaus sinnvoll nebeneinander stehen bleiben. Es ließen sich aber auch die Stellen gegen die Homosexualität mit 1Kor 14,33b–35 kombinieren – mit einem ganz anderen Ergebnis. Das gleiche gilt auch für den Versuch, aus der Kombination von Gal 3,28 und Phil 2,5 einen identitätsethischen Ansatz zu gewinnen, von dem aus Homosexualität bedacht werden soll. Mit welchen Gründen lässt sich aus genau diesen beiden Bibelstellen ein Ansatz zur Befürwortung von Homosexualität gewinnen und nicht etwa aus 1Kor 14,33b–35 und 1Kor 6,9–10 Argumente für deren Ablehnung? Ganz offenkundig ist es eine bestimmte Sicht des Christli-

---

62 Vgl. Dabrock, Gebrauch, 285; bzw. Lampe, Bibel, 42.

63 Vgl. Dabrock, Gebrauch, 286.

64 Lampe, Bibel, 42.

65 A. a. O., 44.

66 Allerdings darf nicht verkannt werden, dass auch diese Bibelstelle aus heutiger Perspektive durchaus zu problematisieren ist.

chen, die hier (nachträglich) mit Aussagen der biblischen Texte ins Benehmen gebracht wird. Dies kann auch ein durchaus sinnvolles Unternehmen sein, nicht aber um einen Begründungszusammenhang zu etablieren. Hier besteht auch die entscheidende Differenz zwischen Dabrock und Lampe. Anders als Dabrock will Lampe seine Bibelarbeit ausdrücklich als ein ethisches Argument verstanden wissen. So betont Lampe explizit, dass er die kritischen Bibelstellen gegen die Homosexualität «durch Sachkritik an der Bibel mit der Bibel selbst» disziplinieren wolle und «nicht leichter Hand mit Vorstellungen, die wir aus der Moderne oder Postmoderne mitbringen» (s. o.). Dabei vernachlässigt Lampe den nicht gut zu bestreitenden Sachverhalt, dass er selbstverständlich moderne Vorstellungen an den biblischen Text heranträgt und dass genau diese modernen Vorstellungen seine Auswahl und seine Gewichtung der Textstellen bestimmen.

Das Phänomen, dass das Auslegungsinteresse das Ergebnis der Auslegung bestimmt, ist nicht neu, man ist immer wieder darauf aufmerksam geworden: Bereits Lessing nennt die Bibel eine «wächserne Nase»[67], die sich jeder nach Gutdünken gestaltet. In diese Richtung formuliert auch Hegel: «Aus der Schrift sind daher die entgegengesetzten Meinungen exegetisch durch die Theologie bewiesen, und so ist diese sogenannte Heilige Schrift zu einer wächsernen Nase gemacht worden. Alle Ketzereien haben sich gemeinsam mit der Kirche auf die Schrift berufen»[68]. Und in einem anderen Zusammenhang formuliert Hegel scharf: «[A]uch der Teufel zitiert die Bibel; aber das macht eben noch nicht den Theologen»[69]. Dass sich aus der Bibel alles beweisen lässt, ist bereits Martin Luther nicht verborgen geblieben: Wenn es denn gelte, «vil schrifft rips raps zusammenn werffen, es reyme sich odder nit», dann, spottet Luther, könne er ohne Weiteres aus der Bibel beweisen, «dass rastrum [billiges Leipziger Schankbier] besser sey dan malmesier [teurer Südwein]»[70]. Diese *Eisegese* wird bei Immanuel Kant sogar zum Prinzip erhoben.[71] Die Autorität der Bibel bestehe in ihrer sittlichen Kraft,[72] was eine besondere Auslegungsmethode begründe. Für Kant ist es nämlich geradezu geboten, etwas entgegen dem buchstäblichen Sinn in die biblischen Texte hineinzulesen:

---

67 Lessing, Duplik, 72.

68 Hegel, Philosophie der Religion I, 37.

69 Hegel, Philosophie der Religion II, 199.

70 WA 6, 301, 19–21.

71 Lauster bringt es auf den Punkt, wenn er bei Kant von einer «Eisegese der praktischen Vernunft» spricht (Lauster, Prinzip, 27).

72 Kant, Streit, A 105.

«Also ist nur die doktrinale Auslegung, welche nicht (empirisch) zu wissen verlangt, was der heilige Verfasser mit seinen Worten für einen Sinn verbunden haben mag, sondern was die Vernunft (a priori) in moralischer Rücksicht bei Veranlassung einer Spruchstelle als Text der Bibel für eine Lehre unterlegen kann, die einzige evangelisch-biblische Methode der Belehrung des Volkes in der wahren inneren und allgemeinen Religion, die von dem partikulären Kirchenglauben als Geschichtsglauben unterschieden ist»[73].

Man sieht, dass das Prädikat «schriftgemäß» durchaus schwierig ist. Dieses Problem lässt sich auch nicht dadurch beheben, dass man eingesteht, dass die «heiligen Schriften beider Testamente allein [...] nicht zureichend für die Gewinnung situationsgerechter ethischer Urteile hier und jetzt [sind]»[74], und daher betont, dass auch menschliche Erfahrungen, moderne Wissenschaften und die Vernunft zu den biblischen Texten hinzukommen müssen.[75] Der Versuch, das *sola scriptura* durch ein «Prä» der Bibel «bescheiden» zu interpretieren[76] und als «Identitätsmerkmal der Kirche und der Theologie»[77] zur Geltung zu bringen, löst das Problem ebenso wenig. Auch hier wird man nur schwerlich umhinkommen zuzugestehen, dass die latente Gefahr darin besteht, dass das Auslegungsinteresse die Auslegung bestimmt: Was bestimmt bei dem, was «hinzukommen» muss, das Mischungsverhältnis? Wer sagt bei dem «Prä» der Bibel, wann diese normativ wird und wann nicht? Auch die Unterscheidung zwischen Geist und Buchstabe oder der Versuch, die Mitte der Schrift zu ermitteln, erweisen sich als «Reduktion von Komplexität»[78]. In all diesen Vorgehensweisen, bei denen einiges in der Bibel betont, anderes unbetont gelassen, manches als das Wesentliche hervorgehoben, anderes als zeitbedingte Darstellungsweise aussortiert wird, tritt – so Falk Wagner zu Recht – nichts anderes als «die Produktivität des jeweils auswählenden Theologen auf den Plan»[79]. Ganz offensichtlich reicht es nicht, «sich allzu rasch mit Minimalkonsensen zufriedenzugeben, die auf dem Optimismus aufbauen, das Schriftprinzip könne mit einigen hermeneutischen Schönheitsreparaturen in die Neuzeit gerettet werden»[80].

---

73 Kant, Streit, A 110.

74 Lienemann, Grundinformation, 13.

75 Vgl. ebd.

76 Wick, Prinzip, 63.

77 Wick, Thesen, 89.

78 Wagner, Autoritätsanspruch, 80.

79 Ebd. Dies sieht auch Honecker, Scriptura, 133.

80 Lauster, Prinzip, 408.

1.3 Ethische Lehrbücher

Wenn man nun im Blick beispielsweise auf die Orientierungshilfe «Zwischen Autonomie und Angewiesenheit» fragt, wie es zu diesem doch teilweise äußerst fragwürdig zu nennenden Bibelgebrauch in Teilen der kirchlichen Diskussion kommt, wird man feststellen, dass die Frage nach der eigentlichen Bedeutung der Bibel für die Ethik nicht im Zentrum der ethischen Reflexion steht und auch von Seiten der wissenschaftlichen Ethik oftmals wenig Anleitung gegeben wird. So wird das Problem in der Ethik von Trutz Rendtorff gar nicht eigens erörtert; bei Martin Honecker kommt die Frage nur innerhalb seines Abschnitts über die Geschichte der Ethik vor,[81] in der er Grundzüge der neutestamentlichen und alttestamentlichen Ethik erläutert. Auch gegenwärtige Ethiken geben hier teilweise nur äußerst begrenzt Hilfestellung.

In seinem Abschnitt über die Quellen der Ethik formuliert *Wilfried Härle* programmatisch: «Die evangelische Theologie gründet auf dem Schriftprinzip. Das gilt auch für ihre Ethik»[82]. Hier sei Martin Luther maßgeblich, der in seiner Schrift «Von weltlicher Obrigkeit» aus dem Jahr 1523, die Härle als ersten Text zur reformatorischen Sozialethik betrachtet, sofort nach den biblischen Grundlagen zu dem Problem der Gewaltandrohung frage. Dabei sei wichtig, die einzelnen Aussagen der Bibel «vom *Gesamtzeugnis* und von der *Mitte* des Kanons her zu erfassen, also von dem her, ‹was Christum predigt bzw. lehrt›»[83]. «Eine solche biblisch fundierte Sozialethik unterscheidet sich sowohl von einer biblizistischen Position, die sich an einzelnen Aussagen ohne Rücksicht auf den biblischen Gesamtzusammenhang orientiert, als auch von einer bibelvergessenen Position, die nicht das Zutrauen besitzt, dass aus der biblischen Botschaft vom Heilshandeln Gottes in der Geschichte Israels und in der Person Jesu Christi Orientierung für die Gestaltung der gegenwärtigen Welt zu gewinnen sei»[84]. Nun ist natürlich die Frage, was denn der Gesamtzusammenhang ist, durchaus nicht leicht zu beantworten. Auch das bereits namhaft gemachte Diktum von Falk Wagner, dass eine solche Rede sich als «Reduktion von Komplexität» erweise, weil mit der «Selektion die Produktivität des jeweils auswählenden Theologen auf den Plan tritt» (s. o.), lässt sich nicht von der Hand weisen, wird doch keine Anleitung gegeben, wie denn die Mitte der Schrift zu finden ist. Härle sucht durch drei Punkte das Schriftprinzip näher zu bestimmen: Erstens ist die Schriftautorität durch die in der Bibel

---

81 Honecker, Ethik, 249–255.

82 Härle, Ethik, 423.

83 Ebd.

84 Ebd.

bezeugte Sache zu begründen, zweitens ist die Gewissheit des Wahrseins der im biblischen Kanon überlieferten Botschaft die Begründung für die Orientierung an ihr und drittens schließlich ist die Einsicht wesentlich, dass keine Instanz außerhalb des Kanons eine abschließende Auslegungskompetenz besitzt.[85] All diese Näherbestimmungen können dogmatische Richtigkeit für sich beanspruchen, sie helfen aber in der entscheidenden Frage nicht weiter. Die Behauptung, dass das reformatorische Schriftprinzip auch in sozialethischer Hinsicht dafür stehe, «dass keine Forderungen aufgestellt und erhoben werden, die der im biblischen Kanon bezeugten Selbstoffenbarung Gottes widersprechen»[86], ist ebenfalls alles andere als klar. Bei der Forderung, der im biblischen Kanon bezeugten Selbstoffenbarung Gottes nicht zu widersprechen, ist weder deutlich, was damit gemeint ist, noch, wie eine solche Übereinstimmung methodisch kontrolliert erreicht werden kann. Ganz offensichtlich meint Härle damit ja keine – wie er sagt – biblizistische Vorgehensweise, die sich stur an Einzelaussagen orientiere, vielmehr eine solche Übereinstimmung, die sich im Gesamtzusammenhang der biblischen Aussagen bewegt. Damit stehen wir aber vor dem bereits oben benannten Problem. Der Terminus «biblische Botschaft» (s. o.) dient dazu, alle Schwierigkeiten zu überspielen, weil er dazu einlädt, die Differenz zwischen der christlichen Botschaft, dem Evangelium, und ihrer Vergegenwärtigung in den biblischen Texten zwar offenzuhalten, aber nicht zu thematisieren. Dies gilt auch für die Termini «im biblischen Kanon überlieferte [...] Botschaft» (s. o.) bzw. «im biblischen Kanon bezeugte [...] Selbstoffenbarung Gottes» (s. o.). Härle zeigt in seinen dogmatischen Überlegungen sehr genau, dass er um die notwendige Differenz weiß. So formuliert er bereits in seiner Dogmatik ausdrücklich: «[D]er christliche Glaube basiert auf der Gewißheit, daß Gott sich in Jesus Christus, also in einem Menschen, nicht in einem Buch offenbart hat»[87]. Es ist somit nach Härle zu unterscheiden zwischen Gottes Selbstoffenbarung in Christus und ihrer biblischen Bezeugung. Dieser in seiner Dogmatik angedeutete Weg führt aber dann doch eigentlich dahin, den Begriff der Schriftgemäßheit konsequent durch den Begriff der Christusgemäßheit zu ersetzen. Fraglich wäre dann, welche Rolle bei der Ermittlung der Christusgemäßheit die Schriftgemäßheit spielt. Diese zentrale Frage wird aber durch Begriffe wie «im biblischen Kanon bezeugte [...] Selbstoffenbarung Gottes» überspielt. Eine Anleitung,

---

85 Vgl. ebd.

86 A. a. O., 424.

87 Härle, Dogmatik, 118 f.

wie sich ein angemessener Bezug auf biblische Texte in der Ethik gestaltet, wird nicht gegeben.

Eine ganz zentrale Stelle nimmt die Bezugnahme auf die biblischen Texte in *Klaas Huizings* Ethik aus dem Jahr 2016 ein. Huizing rückt hier das Phänomen Scham ins Zentrum der Ausführungen.[88] Mit diesem Zentrum sind nach Huizing die Texte des Alten und des Neuen Testaments kritisch zu sichten, arbeiten diese doch – so Huizing – stark mit «wohlwollenden Beschämungsstrategien und Entschämungsstrategien»[89]. Als theologische Begründungsinstanz gilt für Huizing dabei primär die Weisheit. «Weisheit inszeniert eine Wahrnehmungsschule, die hoch kreativ das Okular der Weltwahrnehmung auch auf Spuren des Gelingens – oft gegen alle Erwartung – lenkt»[90]. Durch die zentrale Positionierung der Weisheit gelinge eine «organische Verknüpfung der beiden Testamente»[91] und es werde einer Abkopplung des Alten vom Neuen Testament entgegengearbeitet, was freilich nur gelingen könne, «wenn man gegenüber gehätschelten Vorlieben auf Seiten der Systematischen Theologie und Ethik Diät hält – der Sündenfixiertheit, der christozentrischen Soteriologie und der Rechtfertigungslehre»[92].

Huizing erwähnt nun die Bedeutung der biblischen Texte nicht nur in seinen Prolegomena der Ethik, sondern nimmt auch in den unterschiedlichen ethischen Themenfeldern auf die biblischen Texte Bezug: So wird bspw. das Gleichnis vom klugen Haushalter (Lk 16,1–8a) für gegenwärtige Wirtschaftsfragen fruchtbar gemacht,[93] während bei Fragen zur Homosexualität der Bezug auf die Bibel problematisiert[94] und zu Fragen der Tierethik gänzlich negiert[95] wird.

Deutlich ist, dass Huizing natürlich bestimmte Vorstellungen und Positionen mitbringt und diese an die Bibel heranträgt. Sonst bliebe unerklärlich, inwiefern er etwas für anknüpfungswürdig hält (wie das Gleichnis vom klugen Haushalter) und anderes für etwas, an das in der Gegenwart nicht mehr anzuknüpfen ist (wie die Aussagen zur Homosexualität oder dem Recht der Tiere). Ohne diesen Maßstab von außen ist ein Zugriff auf biblische Texte auch für Huizing nicht möglich. Weil er aber die Etablierung dieses Maßstabs

---

88 Vgl. Huizing, Scham, 15.

89 Huizing, Ethik, 41.

90 Huizing, Scham, 90.

91 A. a. O., 119, vgl. ebenso a. a. O., 131.

92 A. a. O., 93.

93 Vgl. a. a. O., 147–153.

94 Vgl. a. a. O., 293.

95 A. a. O., 376.

nicht offenlegt, sondern in der Behandlung der unterschiedlichen Themen mit einer Exegese und Meditation über Bibelstellen einsetzt, bleibt die Genese seines Maßstabs ebenso verborgen wie die Tatsache, dass er überhaupt so etwas wie einen Maßstab braucht. Huizing leitet nicht dazu an, wie methodisch kontrolliert auf die biblischen Texte zugegangen werden kann, sondern agiert als Virtuose, dem man nur zuschauen kann, wie er virtuos mit den biblischen Texten umgeht. Man staunt, was er aus den Stellen herausholt, was man selbst so nie entdeckt hätte (und selbst teilweise nicht einmal nachzuvollziehen in der Lage ist, wenn es einem von Huizing vorgeführt wird). Wenn Huizing davon spricht, dass «[d]as Lamentieren über die Krise des Schriftprinzips [...] nahezu immer eine Folge mangelnder Musikalität zu sein scheint»[96], ist zu vermuten, dass es weniger ein Mangel an Musikalität, sondern eher ein Mangel an musikalischem Genie zu sein scheint, das dem Durchschnittschristen abgeht und der deshalb die Krise des Schriftprinzips als ein von ihm nicht so ohne Weiteres zu lösendes Problem empfindet. Ein weiteres, damit eng zusammenhängendes Problem besteht in einer Verschiebung des primären Bezugspunktes des Glaubens, insofern Huizing sich dem Text als Text in seiner ästhetisch-literarischen Gestalt zuwendet und hier den primären Bezugspunkt der christlichen Religion zu sehen scheint, nicht in dem mittels des Textes kommunizierten Evangelium.[97] So versteht Huizing das Christentum als «Buchreligion»[98] und interpretiert als Grundsituation des Glaubens die «Ursituation der Lektüre»[99]. Lauster stellt die wichtige Frage, ob bei Huizing «aus der symbolischen Ausdrucksform eines Erfahrungsgrundes der Erfahrungsgrund selbst» wird und damit die «Texte der Bibel [...] metaphysisch und religiös mit Gewichten beladen [werden], die sie nicht tragen können»[100]. Wenn Huizing Sündenlehre, Soteriologie und Rechtfertigungslehre gegen die Textgestalt der alttestamentlichen und neutestamentlichen Texte meint ausspielen zu müssen, dann stellt sich die Frage, ob hier noch deutlich ist, dass die Texte auf ihren Grund hin durchsichtig zu machen sind, auf den der Glaube sich bezieht. Sündenlehre, Rechtfertigungslehre und Soteriologie sind ja Reflexionsbemühungen, diesen – mit den biblischen Texten nicht zu identifizierenden – Grund angemessen in der Gegenwart zur Sprache zu bringen. Wie immer man diese Verschiebung bei Huizing beurteilt, sie kann

---

96 A. a. O., 132.

97 So auch kritisch zu Huizing: Dalferth, Wirkendes Wort, 357, Anm. 512.

98 Huizing, Homo legens, 4.

99 Ebd.

100 Lauster, Prinzip, 439.

sich allerdings nur schwer als protestantisches Schriftprinzip zur Geltung bringen lassen und auf Luther berufen; denn für Luther ging es nicht um die biblischen Texte als Texte, sondern um die Rechtfertigung des Sünders als Inhalt des Evangeliums. *Sola scriptura* bedeutet für Luther nichts anderes als *solus christus* bzw. *solus crux*. Mit diesen Überlegungen sind wir aber bereits bei einer Reflexion über das theologische Verständnis der Bibel angekommen, dem wir uns in 1.4.3 zuwenden werden. Deutlich wird, dass eine biblizistische Denkfigur, die biblischen Text und Wort Gottes nicht unterscheidet, auch in postmoderner Gestalt[101] wiederkehren kann.

Sehr ausführlich und differenziert geht *Rochus Leonhardt* in seiner Ethik aus dem Jahr 2019 der Frage nach der biblischen Begründbarkeit der evangelischen Ethik nach.[102] Weil die historisch-kritische Methode es unmöglich mache, «die Bibel als eine zuverlässige und einheitliche Basis theologischer Reflexion in Dogmatik und Ethik heranzuziehen»[103], spricht Leonhardt zu Recht auch nicht von «normativen Grundlagen der Ethik», sondern nur von «biblischen Bezugstexten der christlichen Ethik»[104]. Zur Ermittlung der biblischen Begründbarkeit geht Leonhardt auf die literaturwissenschaftliche Hermeneutik und die juristische Methodenlehre ein,[105] wobei er gerade die juristische Methodenlehre in den Fokus rückt. Denn die biblischen Texte werden – so Leonhardt – «wegen ihrer normativen Bedeutung für die christliche Kirche eher wie *juristische* Texte gebraucht»[106]. Angesichts des in der Jurisprudenz auftauchenden Problems, dass eine Rechtsregelung eine gegenwärtige Situation noch nicht mitbedacht hat, komme es in ihr zu dem «Versuch einer Rechtsfortbildung, die zwar am Wortlaut des Gesetzes orientiert bleibt, dies aber auf Sachverhalte bezieht, die der Gesetzgeber seinerzeit nicht im Blick hatte, wobei beansprucht wird, dass dieser Bezug dem Regelungswillen des Gesetzgebers nicht widerspricht (praeter legem)»[107]. Zwar gelingt es Leonhardt mit dem Hinweis auf die juristische Methodenlehre sehr gut zu zeigen, worin die Aufgabe besteht, nämlich in einer angemessenen Fortentwicklung der in den biblischen Texten enthaltenen Botschaft auf die Gegenwart. Allerdings wird auch hier nicht erklärt, wie genau eine solche

---

101 Vgl. Huizing, Bibel, bes. 119 f.

102 Vgl. Leonhardt, Ethik, 68–81.

103 A. a. O., 69.

104 Ebd., Anm. 156.

105 Vgl. a. a. O., 70–73.

106 A. a. O., 73.

107 A. a. O., 72.

Fortbildung methodisch kontrolliert funktioniert. Vor allem ist zu bedenken, dass die Fortbildung der biblischen Texte ja nicht etwas ist, was der einzelne Ethiker und die einzelne Ethikerin mit der Bibel zu leisten haben. Vielmehr geschieht eine solche Fortbildung in der christlichen Überlieferungs- und Kulturgeschichte, in der der einzelne Ethiker und die einzelne Ethikerin stehen und durch die hindurch sie auf die Texte zugehen.

Die grundsätzliche Problematik einer Begründung durch biblische Texte verdeutlicht Leonhardt in einem weiteren Schritt: Am Beispiel der Auseinandersetzung um die Zulässigkeit der Forschung an embryonalen Stammzellen und den unterschiedlichen Positionen in dieser Frage von theologischen Ethikern und Ethikerinnen, die in ihrer Begründung jeweils auf die biblischen Texte verweisen, verdeutlicht Leonhardt, dass nicht erkennbar sei, «dass das Festhalten an der normativen Relevanz der Bibel zur Klärung unterschiedlicher moralischer Überzeugungen führen kann»[108]. Dies ist nach Leonhardt deshalb der Fall, weil der «Rekurs auf die Bibel [...] stets auch durch außertextliche Plausibilitäten geprägt [ist], also durch bestimmte allgemein-kulturell bedingte (und nicht spezifisch biblisch fundierte) Grundüberzeugungen, von denen die jeweilige normative Interpretation der Texte immer schon geleitet ist»[109]. Daher müsse das Interesse an einer biblischen Begründung stets von dem Bemühen «begleitet sein, jene hermeneutischen Voraussetzungen zu reflektieren und diskursiv offenzulegen, von denen der Bezug auf biblische Texte geleitet ist. Eine solche Offenlegung ist nichts anderes als die Explikation derjenigen Auffassung vom menschlichen Leben und Handeln, die für denjenigen, der sie vertritt, der Grundorientierung des evangelischen Christentums entspricht»[110]. Sind diese Überlegungen von Leonhardt richtig, dann wäre aber genau zu reflektieren, inwiefern überhaupt von einer *Begründung* mit biblischen Texten gesprochen werden kann. Hierauf macht auch Leonhardt aufmerksam, wenn er statt von «normativen Grundlagen der Ethik» von «biblischen Bezugstexten der christlichen Ethik» (s. o.) spricht.[111] Die entschei-

---

108 A. a. O., 80.

109 Ebd.

110 A. a. O., 81.

111 Wenn Leonhardt daher seiner Ethik «die Entfaltung eines spezifischen (dem christlichen Glauben entsprechenden) Verständnisses des menschlichen Lebensvollzuges» (Leonhardt, Ethik, 91) voranstellt, rekurriert er aufgrund der o. g. Probleme ausdrücklich nicht unmittelbar auf das biblische Zeugnis. Den «Anknüpfungspunkt» bilde vielmehr die lutherische Rechtfertigungslehre, deren «ethisch relevanter Sachverhalt [...] so rekonstruiert werden [soll], dass die systematische Relevanz, also die Gegenwartsplausibilität, der ethischen Pointe

dende Frage wäre dann, *wie* auf die Bibel in der Ethik Bezug genommen werden kann, wenn die biblischen Texte nicht als Begründung ethischer Aussagen fungieren können, und welche Form der Bezugnahme auf biblische Texte dem reformatorischen Schriftverständnis entspricht. Hier lässt uns Leonhardt aber weitgehend allein.

Im Blick auf die vorgestellten ethischen Lehrbücher wird deutlich, dass dem Bedürfnis nach einer Anleitung zu einem rechten Bibelgebrauch in der Ethik oft nicht genügend nachgekommen wird. Gerade angesichts des in Teilen der kirchlichen (und teilweise auch theologischen) Landschaft zu beobachtenden problematischen Bibelgebrauchs scheint eine solche Anleitung aber dringend geboten.

1.4 Prinzipielle Überlegungen

Im Blick auf die bisherigen Ausführungen wird man nicht sagen können, dass die Bibel in der Ethik keine Rolle (mehr) spielt, vielmehr müsste man sagen, dass die Bibel in der Ethik allzu oft eine äußerst ungute Rolle spielt und die Rolle, die sie sinnvollerweise zu spielen hat, nicht immer hinreichend geklärt ist. Die Bezugnahme auf die Bibel führt nicht selten dazu, dass in der Theologie die rationalen Standards der ethischen Argumentation nicht eingehalten werden. Statt eines ethischen Arguments kommt es zu einer assoziativen, methodisch völlig unkontrollierten Bezugnahme auf biblische Texte. Die Willkür in der biblischen Begründung bleibt uns in der Regel dann verborgen, wenn wir das Interesse des Auslegers oder der Auslegerin teilen. Wir würden sicherlich aufmerksam, wenn eine kirchliche Synode mit 1Sam 15,3 eine Empfehlung an Putin begründen wollte, dass er, wenn er schon glaube, im Krieg mit der Ukraine für eine gerechte Sache einzutreten, dann auch die ukrainischen Frauen und Kinder nicht verschonen solle, oder wenn eine Synode mit Bezugnahme auf Mk 5,12 f zu begründen versuchte, dass Tiere nicht als Selbstzweck, sondern ausschließlich als Mittel zu verstehen seien. Auch Begründungsfiguren, die auf das Gebot der Steinigung von Frauen abheben, würden uns verdächtig erscheinen und uns mindestens zur Nachfrage veranlassen, ob eine bruchlose Übernahme in die Gegenwart nicht kritischen Anfragen ausgesetzt werden sollte. Solange wir aber das Interesse des Auslegers teilen, hinterfragen wir in der Regel die Belegpraxis mit biblischen Stellen nicht (gleichermaßen) kritisch. Weil wir für Klimaschutz sind und ihn als Christinnen und Christen auch gerne als unser ureigenes Anliegen verstehen,

---

dieser Lehre deutlich wird» (ebd.).

widersprechen wir in der Regel nicht, wenn die Bewahrung der Schöpfung mit Gen 2,15 begründet wird, wo von der Bewahrung des Gartens im Paradies gesprochen wird.[112]

Deutlich ist, dass diese «Methode» der ethischen Begründung (nur) so lange gut geht, wie Positionen vertreten werden, die sowieso jeder vertritt (zumindest innerhalb der eigenen Bubble) und die daher nicht nach wirklichen rationalen Begründungen verlangen. Die methodisch unkontrollierte Assoziation mit einem biblischen Text wird akzeptiert, weil sie zu der von allen geteilten «richtigen» Position führt. Weil diese Form der biblischen «Begründung» nur so lange funktioniert, wie Einigkeit über das zu Begründende besteht, zerbricht das Modell sofort, wenn Strittiges begründet werden soll. Dann macht sich schmerzhaft bemerkbar, dass es gar keine Begründungsebene gibt, sodass auch nicht an rational nachvollziehbaren Gründen und Argumenten gearbeitet und um sie gerungen werden kann. Vor allem gelingt es dann nicht, wenn wir beanspruchen, auch außerhalb eines engen kirchlich-theologischen Raums Gehör zu finden.[113] Hier erregen wir mit einem solchen Mangel an ethischer Argumentation Missmut bzw. Desinteresse, weil in einer nicht nachvollziehbaren Weise «begründet» wird. Kann es dann überraschen, wenn in der Öffentlichkeit die Meinung vorherrscht, dass an der Stelle der Vernunft in der philosophischen Ethik in der theologischen Ethik die Bibel steht, und konsequenterweise die Meinung anzutreffen ist, dass, während die philosophische Ethik eine autonome Moral fördere, die theologische Ethik einer heteronomen Moral Vorschub leiste?

Im Folgenden sollen prinzipielle Überlegungen angestellt werden, die sowohl das Unternehmen Ethik (1.4.1) in den Blick nehmen als auch nach der Beschaffenheit der biblischen Texte fragen (1.4.2). Zentral wird aber die theologische Bestimmung der Bibel sein (1.4.3).

1.4.1 Autonomie der Ethik

Der Autonomieanspruch von Ethik und Moral ist in der Neuzeit unhintergehbar. Das moralische Subjekt muss sich sein ethisches Urteil aufgrund eigenen Verstehens und Einsehens bilden, es kann Urteile nicht aufgrund von

---

112 Vgl. hierzu Anselm, Bewahrung, der darauf aufmerksam macht, wie der Topos «Bewahrung der Schöpfung» weiter- und umgebildet wurde. Gegen eine solche Transformation ist prinzipiell nichts einzuwenden (so zu Recht Anselm, Bewahrung, bes. 228 f). Zu kritisieren aber ist, wenn so getan wird, als sei das Ergebnis der Umwandlung bereits in Gen 2,15 enthalten und daher dort direkt zu entnehmen.

113 Vgl. ebenso Stoellger, Krisen, 8 f.

Gehorsam gegenüber einer Autorität übernehmen und dabei auf das eigene Verstehen oder Einsehen verzichten. Insofern ist Ethik eine vernünftige Rechenschaft.[114] Weil das eigene Verstehen oder Einsehen für die ethisch-moralische Urteilsbildung konstitutiv ist, gibt es hier auch keinen Unterschied zwischen einem ethischen Fachmann oder einer Fachfrau und einem Laien.[115] Ethik ist etwas anderes als Medizin. Wenn mich jemand nach meiner Meinung zu seiner Krankheit fragt, kann ich antworten, dass ich nichts dazu sagen kann, weil ich kein Arzt bin; aber es wäre – mit Ludwig Wittgenstein gesprochen – «irritierender Unsinn»[116], wenn ich nach meiner Meinung zu einer strittigen Lebenssituation gebeten werde und antworten würde, dass ich nichts dazu sagen kann, weil ich keine Ethik studiert habe. Daher verlassen sich Laien zwar im Blick auf naturwissenschaftliche Sachverhalte auf das Urteil von Experten und Expertinnen, übernehmen aber bei moralisch strittigen Situationen nicht das Urteil von Ethikexperten – auch wenn dies für manche Ethikexperten verdrießlich ist.[117] Bei ethisch-moralischen Diskursen geht es um Selbstdenken, Selbstfinden und Selbstentscheiden – die Gesprächspartner sind hier gleichberechtigt. Diese Gleichberechtigung bestreitet natürlich nicht, dass die ethische Einsicht und das ethische Verstehen mehr oder weniger diszipliniert und elaboriert sein kann und es Kommunikationsforen gibt, in denen gerade die gedanklich disziplinierte Darstellung mit dem – wie Friedrich Schleiermacher formuliert – «höchst mögliche[n] Grad der Bestimmtheit»[118]

---

114 Die Behauptung der Ethik als vernünftige Rechenschaft impliziert weder die Behauptung einer Voraussetzungslosigkeit der Vernunft noch die der Möglichkeit einer ethischen Letztbegründung durch die Vernunft (vgl. hierzu Kap. 2.2.2).

115 Selbstverständlich ist die Ethik von ethisch-moralischer Urteilsbildung zu unterscheiden. Von ethischem Wissen kann man sehr wohl sprechen – bspw. in Bezug auf die Kenntnis von ethischen Theorien oder dem Wissen um das Funktionieren der ethisch-moralischen Urteilsbildung. Es führt jedoch kein direkter Weg von der ethischen zur moralischen Expertise. Selbstverständlich aber kann das Wissen darum, was eine Handlung ausmacht und von welcher Art die Gründe sind, mit denen moralisch Handelnde ihr Handeln begründen, einen Beitrag leisten, Kommunikationsverfahren bewusst zu gestalten und Fehlformen der ethisch-moralischen Diskussion nicht nur zu spüren und abzulehnen, sondern auch genau zu benennen und die Ablehnung zu begründen (vgl. hierzu Roth, Moralapostel, 129–133).

116 Wittgenstein, Bemerkungen, 489 f.

117 Vgl. Ammann, Expertokratie, 177.

118 Schleiermacher, Glaube 1, § 16.

bezweckt wird. Sie bestreitet aber, dass das Denken und Entscheiden in irgendeiner Weise delegiert werden kann.

Nicht zuletzt als Reaktion auf den wachsenden «Modernisierungsdruck»[119] entwickelten katholische Theologen das Konzept der «Autonomen Moral»[120]. Richtet sich dieses Konzept auch in erster Linie gegen das Bestreben, durch Gehorsam gegenüber kirchlicher Autorität moralische Fragen zu beantworten, so ist damit aber im Interesse der autonomen Moral nicht nur eine durch die kirchliche Autorität verursachte Heteronomie abgewiesen, sondern auch eine solche Heteronomie, die durch die biblischen Texte verursacht wird.[121] Dieser Gefahr einer durch die biblischen Texte verursachten Heteronomie der Ethik ist man im Protestantismus nicht in gleicher Weise gewahr[122] wie in weiten Teilen der katholischen Ethik.[123] Die Tendenz, dass im Protestantismus nur eine Autorität durch eine andere ersetzt wird, ist bereits seit Langem beobachtet: So spricht bereits Ferdinand Christian Baur von einem «neue[n] Papstthum, aufgerichtet mitten in der evangelischen Kirche»[124], Ernst Troeltsch spricht von der Bibel als «lutherische[m] Papst»[125] und Karl

119 Vgl. hierzu die grundlegende Arbeit von Goertz, Modernisierungsdruck.

120 Grundlegend: Auer, Autonome Moral. Hierzu Goertz/Striet, Gesetz Gottes.

121 Goertz, Bibel, 76–78; Striet, Bibel, bes. 43 f.

122 Dies wird bspw. in der kritischen Replik aus protestantischer Perspektive von Hofheinz, Selbst-Verständliche, auf Goertz, Biblische Ethik, deutlich, der auf die Gefahr einer durch die biblischen Texte verursachten Heteronomie aufmerksam macht.

123 Allerdings sind vor der Gefahr, dass die Bibel unter der Hand doch hin und wieder zu einer Begründungsfigur mutiert, auch Vertreterinnen und Vertreter des Konzepts einer autonomen Moral nicht gefeit. So legt bspw. der Moraltheologe Michael Rosenberger eine christliche Schöpfungsethik vor, die sich – im Anschluss an Alfons Auers Konzept einer autonomen Moral – explizit gegen eine sich durch die biblischen Texte einschleichende Heteronomie wehrt, in der biblische Aussagen zu Begründungsfiguren erhoben werden (vgl. Rosenberger, Eingebunden, 56). Allerdings schleicht sich die Bibel bei Rosenberger dann als Begründungsfigur ein, wenn er etwa davon redet, die Schöpfungstheologie könne eine philosophisch begründete «Achtung vor der Welt […] als Achtung vor der Schöpfung noch eindringlicher untermauern» (a. a. O., 177), insofern damit suggeriert zu werden scheint, dass die Bibel rationalen Argumenten doch noch weitere Argumente hinzufügen kann. Hierauf macht kritisch aufmerksam: Peisker, Rez. zu Rosenberger, 125.

124 Baur, Erklärung, 311.

125 Troeltsch, Glaubenslehre, 12.

Barth warnt davor, dass die Bibel ein «papierener Papst»[126] wird. Diese Tendenz ist in der Ethik besonders stark, wenn implizit die Auffassung vertreten wird, biblische Aussagen könnten eine ethische Position begründen in dem Sinne, dass die Tatsache, dass eine bestimmte ethische Position in einem biblischen Text vertreten wird, als Grund für die Rechtmäßigkeit der Position gilt. Implizit ist diese Auffassung, weil sie in der Regel nicht explizit formuliert wird, sondern in der Art und Weise des Vorgehens zutage tritt: etwa, wenn ethische Argumente in Assoziation zu biblischen Versen generiert werden, wie wir es bei der Orientierungshilfe gesehen haben. Insofern ist auch die Bezeichnung der Bibel als «Begründungszusammenhang»[127] abzulehnen. Eine ethische Position kann nicht damit begründet werden, dass sie in der Bibel steht, zumindest dann nicht, wenn man den Autonomieanspruch von Ethik und Moral in der Neuzeit nicht hintergehen will.

Die bisher vorgetragenen Überlegungen verdeutlichen, dass sich an dem Wie der Bezugnahme auf die Bibel entscheidet, ob eine theologische Ethik überhaupt im wissenschaftlichen ethischen Diskurs Gehör zu finden beanspruchen kann; denn eine theologische Ethik – so Falk Wagner – hat zu bedenken, dass die «heteronome Begründungsart von Normen [...] mit dem moralischen und rechtlichen Bewußtsein der Autonomie [kollidiert]»[128].

1.4.2 Die Historizität der biblischen Texte

Zeigte sich (1.4.1), dass das neuzeitliche Verständnis der Ethik sich gegen die Etablierung der biblischen Texte als Begründungsfigur sperrt, weil dieses Unternehmen dem neuzeitlichen Bewusstsein der Autonomie entgegensteht, gilt es nun, einen Blick auf die Beschaffenheit der biblischen Texte zu werfen und zu sehen, dass sie sich selbst dagegen sperren, zu einer Begründungsfigur für die Ethik zu werden. Hier werden in der Regel vor allem drei Argumente namhaft gemacht: (a) die Einsicht, dass die biblischen Texte nicht als ethische Texte konzipiert sind, (b) die Einsicht in die Pluralität und Widersprüchlichkeit der biblischen Texte und schließlich (c) die Einsicht in die historische Abständigkeit der biblischen Texte. Ich kann mich hier kurz fassen, weil ich nicht sehe, dass diese drei Punkte ernsthaft strittig sind.

(a) *Charakter der Texte:* Auch wenn man nicht sagen kann, dass in der Beantwortung der Frage «Was ist Ethik?» Einigkeit besteht, gibt es doch einen relativ weitreichenden Konsens darüber, dass man die Ethik von der Moral

---

126 Barth, KD I/2, 583.

127 So der Vorschlag von Lienemann, Grundinformation, 185–187.

128 Wagner, Autoritätsanspruch, 78.

unterscheidet. Versteht man unter Moral die Normen, Werte und Grundsätze, die das zwischenmenschliche Verhalten regulieren, so wird unter «Ethik» die «Wissenschaft von der Moral»[129] oder die «Theorie der Moral»[130] verstanden. Ethik ist somit die Reflexionswissenschaft der Moral[131]. Als Reflexionswissenschaft – so betont Dieter Birnbacher – ist die Ethik an «methodischen Idealen wie Rationalität, Kohärenz und Systematizität»[132] orientiert. In dieser Hinsicht sind die neutestamentlichen Texte keine Ethik. So betont der Heidelberger Neutestamentler Matthias Konradt: «[K]ein neutestamentlicher Autor ist in dem Sinne ein Ethiker, dass anzunehmen ist, er hätte unter Zugrundelegung eines reflektierten ethischen Ansatzes [...] ethische Fragen vor Abfassung seiner Schrift systematisch durchdacht»[133]. Konradt fährt fort: «Wenn also der systematische Charakter der Rechenschaft über Handlungsnormen und Begründungszusammenhänge das Kriterium für das Vorliegen von Ethik bildet und gar der Anspruch einer umfassenden Reflexion erhoben wird, [...] dann ist die Frage nach neutestamentlicher Ethik gegenstandslos»[134].

(b) *Pluralität und Spannung der biblischen Texte:* Jeder Versuch einer Ableitung ethischer Aussagen aus der Bibel hat zu bedenken, dass es *die* Bibel nicht gibt, sondern eine Pluralität von Texten, die durchaus auch in Spannung und Widerspruch zueinander stehen. Diese Widersprüche betreffen nicht nur zu vernachlässigende Nebensächlichkeiten, sondern auch grundsätzliche theologische Konzeptionen. Nach Ernst Käsemann begründet der neutestamentliche Kanon nicht die «Einheit der Kirche», sondern die «Vielzahl der Konfessionen»[135], ja sogar mehr als das: er «legitimiert als solcher auch mehr oder weniger alle Sekten und Irrlehren»[136]. Ulrich Luz bezeichnet den Protestantismus als «Widerlegungsgeschichte des protestantischen Schriftprinzips»[137]. Nicht einmal ein einheitlicher Christus könne aus der Bibel abgeleitet werden.

(c) *Historische Abständigkeit der biblischen Texte:* Ein letzter Punkt ist die moderne Herausbildung des historischen Bewusstseins. In seinem Aufsatz «Die Krise des Schriftprinzips» aus dem Jahr 1962 sieht Wolfhart Pannenberg es als Krisenphänomen, dass der enorme «historische Abstand jeder heute

---

129 Piper, Einführung, 17.

130 Birnbacher, Einführung, 2.

131 So bspw. Fischer, Einführung, 30.

132 Birnbacher, Einführung, 5.

133 Konradt, Ethik, 2.

134 A. a. O., 2 f.

135 Käsemann, Neues Testament, 131.

136 A. a. O., 402.

137 Luz, Sola scriptura, 28.

möglichen Theologie vom urchristlichen Zeitalter [...] zur Quelle der uns am meisten bewegenden theologischen Probleme geworden ist»[138]. Pointiert formuliert Christian Albrecht, dass «[p]rotestantische Christen der Gegenwart [...] Fragen [stellen], auf die die Bibel keine unmittelbaren Antworten parat hat» und umgekehrt, die Bibel «unmittelbare und recht eindeutige Antworten auf Fragen [hat], die das neuzeitlich-protestantische Normalbewusstsein so nicht mehr gestellt wissen möchte – geschweige denn, dass die Antworten auch nur entfernt mit Akzeptanz rechnen können»[139]. Aufgrund des historischen Abstands ist kein einziger biblischer Satz ohne Weiteres auf heute übertragbar. Hier geht es nicht nur um einzelne Dinge, die wir heute nicht mehr so sehen, wie etwa die Aussagen zur Homosexualität oder die Aussagen zur Stellung der Frau in der Gemeinde oder noch allgemeiner das patriarchale Weltbild. Vielmehr gibt es prinzipielle kulturelle Abständigkeiten, die es fast unmöglich machen, die Aussagen auch nur hypothetisch nachzuvollziehen, wie etwa das Fehlen eines Konzepts einer situationsunabhängigen Wahrheit, das tragendes Fundament unserer Kultur ist,[140] das endzeitliche Ziel eines würdigen Lobpreises Gottes[141] und das noch nicht Vorhandensein des neuzeitlichen Verständnisses von Subjektivität: Die verschiedenen Menschenbilder der biblischen Schriften verstehen den Menschen weniger von seiner Individualität und Subjekthaftigkeit her und stärker von seiner Sozialität und Zugehörigkeit zum Kollektiv.[142] So kommt Robert A. di Vito zu dem Schluss, dass das «biblische Subjekt im Verhältnis zum modernen nicht nur viel stärker dezentriert ist, ‹dividual› und unbestimmt hinsichtlich der Grenzen der Person, sondern dass es auch, im deutlichen Gegensatz zum modernen Subjekt, viel mehr mithilfe seiner und durch seine sozialen Rollen identifiziert wird, dass es eher transparent als tiefgründig ist, eher heteronom als autonom und selbstbestimmt»[143].

---

138 Pannenberg, Krise, 15. Dass der Aufsatz von Pannenberg bis heute an Relevanz nichts eingebüßt hat, verdeutlicht van Oorschot/Focken/Maikranz, Anliegen, 15–21.

139 Albrecht, Praktische Theologie, 213.

140 Scriba, Echtheitskriterien, 85–87. Scriba verdeutlicht dies an den unterschiedlichen Parusievorstellungen im 1Thess, die nicht miteinander harmonisiert werden können.

141 Vgl. Konradt, Ethik, 316.

142 Vgl. Vernant, Individuum; Dietrich, Individualität.

143 Di Vito, Anthropologie, 149.

1.4.3 Der religiöse Gebrauch der biblischen Texte

Wenn wir zwischen den biblischen Texten einerseits und ihrem Gebrauch andererseits unterscheiden, ist zunächst zu bemerken, dass es ganz unterschiedliche Gebrauchsweisen der biblischen Texte (wie grundsätzlich aller Texte) gibt. So können die zu einem Buch vereinten Texte bspw. verwendet werden, um sie unter ein Tischbein zu stellen, damit dieses nicht mehr wackelt. Wenn es sich bei dem Tisch um einen zentralen Tisch für das familiäre Zusammenleben innerhalb der Wohnung handelt, hat die Bibel eine zentrale, aber keine religiöse Funktion, zumindest keine religiöse Funktion nach reformatorischem Verständnis. Auch in der Ethik kann die Bibel ganz unterschiedlich gebraucht werden. So wäre es denkbar, auf die Bibel «als lebenspraktisch gesättigte Moralressource zurückzugreifen»[144], ohne damit irgendeinen religiösen Anspruch zu erheben. In diesem Zusammenhang würde man dann wahrscheinlich betonen, dass die biblischen Texte viele Erzählungen und Geschichten enthalten, die auch für nichtreligiöse Menschen lehrreich sind. Ob dem tatsächlich so ist (und unter pädagogischem Gesichtspunkt nicht andere Texte viel geeigneter wären) und ob sich die biblischen Texte hier von anderen Dokumenten qualitativ unterscheiden, muss in diesem Zusammenhang nicht untersucht werden.[145] Im Folgenden geht es um die Frage nach dem Ort der Bibel in der christlichen Religion – nach protestantischem Verständnis; fragen wir doch nach dem angemessenen Ort innerhalb der theologischen Ethik. Insofern ist eine theologische Klärung erforderlich. Eine solche Reflexion über die Bibel hat innerhalb des dogmatischen Lehrgebäudes einen zweifachen Ort: zum einen innerhalb der Grundlegung der Dogmatik in den Prolegomena, zum anderen innerhalb der Lehre der *media salutis*.[146]

Eine theologische Klärung der Bedeutung der Bibel geht von der Einsicht aus, dass das Christentum keine Buchreligion ist.[147] Zwar gehört das Christentum zu den Religionen, die religiöse Urkunden besitzen, die für die betreffende Religion (in unterschiedlicher Weise) bedeutsam sind. Aber diese religiösen Urkunden sind im Christentum nicht Gegenstand des Glaubens.[148]

---

144 Mathwig, Bibel, 287.

145 Sicherlich würde die Begründung der Bibel als lebenspraktisch gesättigte Moralressource zu einer Vorordnung des Alten Testaments vor das Neue Testament führen.

146 Vgl. Ratschow, Schrift, 423; Schwöbel, Bibel, 1427.

147 Vgl. Dalferth, Wirkendes Wort, 122 f.

148 So kommt im Apostolischen Glaubensbekenntnis auch nicht der Glaube an die Bibel vor. Auch Confessio Augustana, Konkordienformel und die Schmalkaldi-

Der christliche Glaube lebt nicht von dem Vertrauen, dass Gott in seiner Offenbarung Buch geworden ist, sondern davon, dass er in Jesus Christus Mensch geworden ist.[149] Dieser Glaubensinhalt bestimmt auch, wie der Glaubensakt verstanden wird. Der christliche Glaube ist kein Gehorsam gegenüber den Sätzen eines Buches, sondern eine sich auf die (historische) Geschichte des Lebens und Sterbens des Menschen Jesus von Nazareth gründende Vertrauensbewegung.[150]

Wir sind damit bei dem theologischen Kernproblem angelangt, das bereits mehrfach aufgetaucht ist, nämlich der Verschiebung des Gegenstandes des Glaubens von der Person Christi auf die Texte.[151] Hier hat Ingolf Ulrich Dalferth in seinem Buch von 2018 terminologisch hilfreiche Unterscheidungen getroffen. Dalferth unterscheidet zwischen den biblischen Texten und der Schrift. Während die Bibel die «Sammlung oder Bibliothek der Texte, die von der Kirche als Schrift gebraucht werden»[152], ist, meine die Schrift nicht bloß die Texte, sondern einen bestimmten Gebrauch der Texte: nämlich den Gebrauch als Mittel zur Kommunikation des Evangeliums von Jesus Christus. «Als Schrift» – so Dalferth – «werden Texte gebraucht, wenn sie zum Verstehen und Auslegen des Evangeliums herangezogen werden, weil die christliche Gemeinde sich darauf verständigt hat, sie so zu gebrauchen. […] Stets ist Schrift das, was *als Schrift* im Zusammenhang der Kommunikation des Evangeliums *gebraucht* wird, sei es im christlichen Leben im Allgemeinen oder in der Kirche im Besonderen, weil man sich auf den Schrift-Gebrauch dieser Texte verständigt hat»[153]. Als problematisch beurteilt Dalferth, wenn die biblischen Texte selbst als Evangelium verstanden werden und so das Mittel der Kommunikation für den Inhalt gehalten und ausgegeben wird.[154] Die theologische Funktion des biblischen Kanons sei es ausschließlich, Jesus Christus zur Sprache zu bringen.[155] «Der Zusammenhang von *solus christus* und *sola scrip-*

---

schen Artikel enthalten keinen eigenen Artikel zur Bibel. Ausschließlich die Konkordienformel enthält als einzige Bekenntnisschrift zusammenhängende Ausführungen über die Rolle der Bibel, die einem eigenen Artikel zumindest nahekommen.

149 So Härle, Dogmatik, 118 f.

150 Insofern entspricht der Stellung des Korans im Islam im Christentum nicht die Bibel, sondern Jesus Christus.

151 Vgl. 1.3.

152 Dalferth, Wirkendes Wort, 131.

153 Ebd.

154 Vgl. a. a. O., 115.

155 A. a. O., 223.

tura ist konstitutiv für das reformatorische Schriftverständnis. Schriftauslegung war die reformatorische Theologie genau insofern, als ihr primäres Ziel und Interesse nicht dem Verstehen der biblischen Texte galt, sondern dem Verstehen Jesu Christi als Wort Gottes und damit Gottes Heilswillen anhand der biblischen Texte»[156]. Werde das Mittel (biblische Texte) mit dem Ziel (Kommunikation des Evangeliums) verwechselt, werde aus dem *sola scriptura* ein *tota biblia*.[157] Von der Schrift und der Bibel unterscheidet Dalferth schließlich das Wort Gottes. «Die Schrift ist Wort Gottes, wenn sie in der christlichen Kommunikation des Evangeliums durch das Wirken des Geistes zu Gottes Wort wird. Das wird sie, wenn das Evangelium von Gottes Heilswirken in der Geschichte Jesu Christi so vergegenwärtigt wird, dass Gottes Gegenwart in Christus als Gegenwart Gottes im eigenen Leben einsichtig wird und geglaubt werden kann»[158].

Zu Recht sieht Dalferth die Unterscheidung zwischen Bibel und Schrift als die wesentliche hermeneutische Unterscheidung. Der größte Irrglaube bestehe darin, dass der Umgang mit der Bibel bereits der Umgang mit der Schrift sei. Dieser Irrglaube lässt sich heute sogar bei Systematischen Theologen beobachten. So antwortet Heinrich Bedford-Strohm, ehemaliger Ratsvorsitzender und emeritierter Professor für Systematische Theologie und theologische Gegenwartsfragen, im Blick auf den Segensroboter der EKHN im Reformationsjubiläum in Wittenberg in einem Interview auf die Frage «Würden Sie sich von einem Roboter segnen lassen?» Folgendes: «Ja. Ein Bibelwort wirkt immer. Egal ob es mir ein Mensch zugesprochen hat, ein Roboter, oder ob ich es gelesen habe. Die segensreiche Wirkung des Wortes Gottes ist nicht gebunden an ein Medium»[159]. Zu Recht zeigt sich Philipp Stoellger hier etwas konsterniert: «‹Ein Bibelwort wirkt immer› – das ist, von einem Professor für Systematische Theologie gesagt, eine irritierende Behauptung. […] Um diese Behauptung zu vertreten, muss wohl oder übel vorausgesetzt werden, Bibelwort und Gotteswort seien identisch»[160]. Offensichtlich geht Bedford-Strohm davon aus, dass ein direkter Weg von der Bibel zur Kirche führt – damit aber unterschätzt er die «Eigendynamik des Buches» und überschätzt «die Orientierungskraft der Lektüre»[161]. Aus dem Gesagten folgt, dass die biblischen

156 A. a. O., 134.

157 Vgl. a. a. O., 117.

158 A. a. O., 291.

159 Lutz, Roboter.

160 Stoellger, Krisen, 9.

161 Dalferth, Wirkendes Wort, 412.

Texte ihren Ort nicht in den Gegenständen des Glaubens haben, sondern in der Glaubens*bildung*. Die biblischen Texte sind ein Medium in der Kommunikation des Evangeliums von Gottes in der Person Jesu von Nazareth erschienener Gnade. Von daher gehören *sola gratia, solus christus, sola fide* unabdingbar zum *sola scriptura* – ohne die anderen *solae* wird das *sola scriptura* zum *tota biblia*. Eberhard Jüngel ist durchaus zuzustimmen, wenn er in seiner Entfaltung der reformatorischen Exklusivpartikel von *solus christus, sola gratia, sola fide* und – statt von *sola scriptura* – von *solo verbo* spricht.[162] *Solo verbo* transformiert die Bibel in Sprache und Anrede. In dieser Weise urteilt auch Ingolf Dalferth: «Sola scriptura heißt für die Reformation nicht sola biblia, sondern solo verbo, nämlich solo verbo Dei»[163]. In diesem Vermittlungsprozess geht es aber nicht um die Vermittlung der biblischen Texte an sich, sondern um eine Vermittlung dessen, was mittels der Texte kommuniziert wird: der Glaube an das Erscheinen Gottes als Jesus von Nazareth. In diesem Kommunikations- und Vermittlungsgeschehen haben die neutestamentlichen Texte ihre Bedeutung: als frühe ästhetische Verarbeitungen dieser Vertrauensbewegung,[164] die dabei ihrerseits die alttestamentlichen Texte produktiv verarbeiten und selbst wiederum (im Laufe der Kultur- und Überlieferungsgeschichte) für weitere produktive Denkerfahrungen verarbeitet wurden. In dem kultur- und überlieferungsgeschichtlichen Traditionsprozess wird allererst ermittelt, was das Christliche ist und wie es in der Gegenwart verstanden werden kann. Um die Bedeutung des kultur- und überlieferungsgeschichtlichen Traditionsprozesses zu verstehen, ist es notwendig, biblische Texte zu unterscheiden von ihrem Gebrauch, nämlich der Kommunikation des Evangeliums.[165]

---

162 Jüngel, Evangelium, 126–220.

163 Dalferth, Wirkendes Wort, 397.

164 Damit ist keineswegs behauptet, dass sich die besondere Stellung der biblischen Texte durch ihr Alter begründen lässt: Zwar wird man im Groben urteilen können, dass das älteste Material Eingang gefunden hat, doch trifft dies nicht auf den gesamten Kanon zu: Es gibt Schriften, die keinen Eingang in den Kanon gefunden haben, die älter sind als die jüngsten kanonischen Schriften. So wird man mit dem historischen Kriterium keinesfalls den vorfindlichen Kanon begründen können. Dennoch wird man sagen können, dass der Kanon etwas ist, das die Kirche sich von Anfang an zur Lektüre aufgegeben hat und der daher der Ausgangspunkt weiterer Verarbeitungen ist (vgl. hierzu Roth, Verhältnis, 246 f).

165 Insofern kann Hermeneutik nicht die «Herz-Lungen-Maschine» für fremde Lebensäußerungen sein, die ihre «natürliche Evidenz und Plausibilität verloren

Ausgehend von dem theologischen Gebrauch der biblischen Texte als Mittel in der Kommunikation und Vermittlung des Evangeliums kann auch der primäre Ort der biblischen Texte in ihrer Verwendung als Mittel in der Kommunikation des Evangeliums bestimmt werden. Dieser Ort ist der Gottesdienst, wo die Bibel verlesen und ausgelegt wird, mit anderen Worten: wo sie die (mündliche) Verkündigung prägt. Im gottesdienstlichen Gebrauch werden aber nicht einfach die biblischen Texte zur Sprache gebracht, sondern diese werden *in einer bestimmten Art und Weise* zur Sprache gebracht, die wesentlich konstituiert wird durch den kultur- und überlieferungsgeschichtlichen Traditionsprozess. Dieser Prozess bestimmt, was in der Bibel als zentral gilt: das, was Christus angemessen zur Sprache bringt («was Christum treibet») – und das, was als randständig oder gar Christus unangemessen gilt; mit Schleiermacher formuliert: was als kanonisch und was als apokryph gilt.[166] Das Gesagte gilt es nun im Einzelnen noch einmal genauer zu betrachten:

(a) *Christus als Glaubensgegenstand:* Der christliche Glaube ist getragen von dem Vertrauen, dass Gott in Jesus Christus Mensch geworden ist. Die biblischen Texte haben Bedeutung, weil (und insofern [s. u.]) sie Reflexionen dieses Vertrauens sind. Zu Recht beginnt Schleiermacher seine Ausführung über die Bibel mit der Einsicht: «Das Ansehen der Heiligen Schrift kann nicht den Glauben an Christum begründen, vielmehr muß dieser schon vorausgesetzt werden, um der Heiligen Schrift ein besonderes Ansehen einzuräumen»[167].

Weil nicht die biblischen Texte, sondern Christus Bezugspunkt des Glaubens ist, ist es als problematisch zu beurteilen, wenn versucht wird, den Graben zwischen uns und der Person Jesus von Nazareth, auf die der Glaube sich bezieht, durch eine Hinwendung zum Text als Text in seiner ästhetisch-literarischen Gestalt zu überbrücken. Hier droht der Text und nicht Christus als die dem Menschen gegebene Gabe verstanden zu werden. Es kommt zu einer hermeneutischen Verabsolutierung des Textes, der den Bezugspunkt, Chris-

---

haben» und «die ohne Hermeneutik schon längst toter als tot wären» (Lauster, Geist, 132). Vielmehr können biblische Texte theologisch nur im Zusammenhang ihrer kultur- und traditionsgeschichtlichen Weiterentwicklung zur Sprache gebracht werden, die den Rahmen und die Leseanweisung für die biblischen Texte bildet. Diese Leseanweisung ergibt sich nicht durch die Lektüre der biblischen Texte selbst. Ferner gilt: Ohne diese Leseanweisung sind die biblischen Texte kein brauchbares Mittel der Kommunikation des Evangeliums.

166 Vgl. Schleiermacher, Glaube 2, § 129, 2.

167 A. a. O., § 128, Leitsatz.

tus, außer Acht lässt.[168] Damit werden aber die Texte in ihrem Charakter als Verarbeitungs- und Ausdrucksleistung dieses Bezugs unterbestimmt. Die Gefahr droht (wie Lauster – s. o. – in Bezug auf Huizing deutlich gemacht hat), dass «aus der Präsentierung Realpräsenz und aus der symbolischen Ausdrucksform eines Erfahrungsgrundes der Erfahrungsgrund selbst»[169] wird. Damit aber werden die Texte religiös mit Gewichten beladen, die sie nicht tragen können.

Bereits diese basale Bestimmung des Gegenstands des Glaubens zeigt, dass die Frage nach Schriftgemäßheit einen falschen Zungenschlag enthält, wenn Schriftgemäßheit Bibelgemäßheit bedeutet. Insofern es darum geht, die Menschwerdung Gottes in Christus in der Gegenwart angemessen zur Sprache zu bringen, geht es nicht um Bibelgemäßheit, sondern um Christusgemäßheit.[170] Christus ist das einzige Thema des *religiösen* Gebrauchs der Bibel.[171] An diesem Maßstab sind auch die biblischen Texte zu messen. Als Schrift werden die biblischen Texte dann behandelt, wenn es nicht darum geht, die Texte zu verstehen, sondern mittels der Texte Christus zu verstehen.

(b) *Glaube als Vertrauen:* Eine weitere Gefahr einer Etablierung der biblischen Texte zum Gegenstand des Glaubens ist bereits deutlich geworden: Die Verkehrung des Inhaltes des Glaubens führt mit zielsicherer Konsequenz auch zu einer Verkehrung des Verständnisses des Glaubensaktes. Aus einem als Vertrauen verstandenen Glauben, der auf existenziellem Verstehen und Ergriffenwerden gründet, wird ein Gehorsamsglaube. Auch diesen Punkt hat ebenfalls bereits Schleiermacher in aller wünschenswerten Klarheit gesehen: Weil der Glaube nicht verstanden werden könne als ein Gehorsam, der sich unter den Anspruch einer Autorität beugt, würde der Versuch, die Bibel zu

---

168 Zu Recht spricht Petzoldt in diesem Zusammenhang von einer «Fixierung auf den Text», die aus dem *sola scriptura* ein «allein der Text» macht (vgl. Petzoldt, scriptura, 21).

169 Lauster, Prinzip, 439.

170 Insofern mit Schriftgemäßheit allerdings nicht Bibelgemäßheit gemeint ist, sondern – wie in diesem Essay im Anschluss an Dalferth – mit Schrift der Gebrauch der Bibel als Mittel in der Kommunikation des Evangeliums gemeint ist, könnte man auch Bibelgemäßheit und Schriftgemäßheit gegenüberstellen.

171 Damit ist nicht gesagt, dass die Bibel nur ein Thema hat. Dalferth ist zuzustimmen, wenn er betont, dass diese «eine Vielzahl von Themen mit unterschiedlichen Texten [umfasst], die kein interpretatorischer Gewaltakt auf einen Nenner bringen kann, ohne wenigstens einige von ihnen zu vergewaltigen» (Dalferth, Wirkendes Wort, 246).

einer solchen Autorität zu machen, den Glauben zu einem Autoritäts- und Gehorsamsglauben verkehren. In einer solchen Vorstellung erkennt Schleiermacher die Nähe zum Katholizismus.[172] Von hier aus muss auch Schleiermachers bekannte Formulierung in seinen Reden verstanden werden: «Jede heilige Schrift ist nur ein Mausoleum der Religion, ein Denkmal, daß ein großer Geist da war, der nicht mehr da ist […]. Nicht der hat Religion, der an eine heilige Schrift glaubt, sondern der, welcher keiner bedarf und wohl selbst eine machen könnte»[173].

(c) *Ort der Bibel in der Kommunikation des Evangeliums:* Die Bibel wird an unterschiedlichen Orten thematisch: in der Musik, der bildenden Kunst, dem Theater, der Literatur; auch die unterschiedlichen digitalen Medien können auf sie Bezug nehmen. Dabei wird auf unterschiedliche Weise mit unterschiedlichen Intentionen auf die Bibel und auf biblische Motive Bezug genommen. Ihre religiöse Funktion hat die Bibel als Mittel in der Kommunikation des Evangeliums als Vermittlerin des Glaubensgegenstandes. Dabei ist aber etwas entscheidend: Vermittlerin ist sie nämlich nicht allein, vielmehr bildet sie den Anfang eines überlieferungs- und kulturgeschichtlichen Vermittlungsprozesses. Im Blick auf diesen Sachverhalt ist die Gegenüberstellung von Schrift und Tradition als unglücklich zu beurteilen, ist doch die Schrift Teil des Traditionsprozesses. So formuliert bereits Gerhard Ebeling: «Wir haben vielleicht im Ohr, daß es katholisch ist, neben (und dann wohl faktisch doch über) die Heilige Schrift die Tradition zu stellen, dagegen allein evangelisch, allein die Schrift gelten zu lassen […]. Was ist die Heilige Schrift [jedoch] anderes als ein Stück geschichtlicher Tradition»[174]? Ja, die Schriftzeugnisse selbst sind – so Wolfhart Pannenberg – «als Niederschlag einer Überlieferungsgeschichte zu verstehen»[175]. So haben die Autoren der biblischen Texte Traditionen und Überlieferungen der Umwelt verarbeitet, innerbiblische Fortschreibungsprozesse und die Kanonisierungsprozesse haben hier weitergearbeitet.[176] Aber auch mit dem Kanon ist der kultur- und überlieferungsgeschichtliche Traditionsprozess keinesfalls abgeschlossen, dieser reicht vielmehr bis in die Gegenwart.

---

172 Vgl. Schleiermacher, Glaube 2, § 128, 1.

173 Schleiermacher, Reden, 92.

174 Ebeling, Wesen, 24 f. Vgl. ausführlich hierzu: Ebeling, scriptura.

175 Pannenberg, Aussage, 162.

176 Vgl. hierzu auch Maikranz/Ziethke, Schrift, 166 f.

Ein direkter, den überlieferungs- und kulturgeschichtlichen Vermittlungsprozess überspringender Rückgriff auf die biblischen Texte ist unangemessen. Ein solcher Sprung würde übersehen, dass die Bibel nicht Gegenstand des Glaubens ist, sondern eine Verarbeitung desselben, und so dazu führen, dass aus der symbolischen Ausdrucksform eines Erfahrungsgrundes der Erfahrungsgrund selbst wird. In dem überlieferungs- und traditionsgeschichtlichen Prozess wird auf den Erfahrungsgrund gezielt, der bereits in den neutestamentlichen Texten verarbeitet wird: Jesus Christus. In dem Vermittlungsprozess wird der Erfahrungsgrund für die Gegenwart zur Sprache gebracht. Erst in diesem kultur- und überlieferungsgeschichtlichen Vermittlungsprozess kommt das Christentum zu sich selbst.

Durchaus problematisch ist, dass teilweise auch Exegetinnen und Exegeten den Eindruck vermitteln, es gehe darum zu ermitteln, was die Bibel sagt, um das dann für die Gegenwart für autoritativ verbindlich zu erklären und gegen alles in Stellung zu bringen, was seitdem an einer gegenwartsorientierten Fortschreibung geschehen ist.[177] Ein gutes Beispiel hierfür ist die Diskussion um die sogenannte *New Perspective on Paul*.[178] Weiterführend sind an dieser Stelle die Überlegungen von Notger Slenczka, der darauf aufmerksam macht, dass die Diskussion um die *New Perspective on Paul* in der neutestamentlichen Exegese «vielfach *mit* dem Gestus geführt [werde], dass es darum gehe, die ursprüngliche Intention des Paulus gegen interpretatorische Verzeichnungen der Reformationszeit oder des 19. Jh.s zur Geltung zu bringen – und dann wird der neu verstandene Text auf die Gegenwart angewendet und festgestellt, dass es in der Rechtfertigungsbotschaft des Paulus eben nicht um den individuellen Sünder vor Gott gehe, sondern um den Widerspruch gegen die Auszeichnung der Zugehörigkeit zum Judentum als Bedingung der Zugehörigkeit zu Gott»[179]. Dabei werde die normative Autorität des Textes vorausgesetzt und der Exeget scheine davon auszugehen, «dass die Botschaft des Paulus –

---

177 Im Blick auf diesen Sachverhalt ist es richtig, wenn van Oorschot, Schriftlehre, 7, davon spricht, «dass die Krise des Schriftprinzips zugleich ein Problem theologischer Enzyklopädie markiert».

178 So durfte ich einmal erleben, wie sich ein exegetischer Kollege überrascht (bis empört) zeigte, dass die Systematikerinnen und Systematiker «es einfach nicht begreifen wollen», dass Luthers Rechtfertigungslehre «durch die New Perspective on Paul doch wohl widerlegt» sei. Hat mich diese hermeneutische Unbedarftheit des Kollegen auch tief erschreckt, hatte sie doch auch einen positiven Nebeneffekt: Ich habe seitdem größte Nachsicht für Studierende und ihre theologisch naive Neigung zu unmittelbarer biblischer Argumentation.

179 Slenczka, Historizität, 14.

egal, wie sie inhaltlich lautet – autoritativ verbindlich ist: Verbindlich ist sie; es muss nur noch festgestellt werden, was genau sie sagt und wie genau sie gemeint ist»[180]. Vernachlässigt werde dabei die Einsicht, dass «die Autorität und Verbindlichkeit der paulinischen Rechtfertigungsbotschaft an der existenzerschließenden Kraft – an der Fähigkeit, einzuleuchten – hängen könnte, die dieser Botschaft im Laufe ihrer Wirkungsgeschichte eben auch durch Augustin, Luther, die anderen Reformatoren und durch die theologische Deutung des 19. Jh.s zugewachsen ist»[181]. Im Unterschied zu einem Verständnis, das davon ausgehe, dass es die Aufgabe der gegenwärtigen Theologie sei, das Selbstverständnis des Paulus zu wiederholen, betont Slenczka, dass von einer theologischen Rezeption der Theologie des Paulus durchaus nicht zu erwarten sei, «dass sie den Gehalt der paulinischen Theologie in der Gegenwart wiederholt»[182]. So sei die Tatsache, dass Luthers Interpretation weit über die ursprüngliche Intention des Paulus hinausgeht, «nicht das Schlechteste, was man über die Interpretation sagen kann»[183]. Gerade die über Paulus' heilsgeschichtliche Auffassung hinausgehende individualistische Perspektive gebe der Interpretation Luthers ihre «gegenwartsorientierende Kraft»[184]. So spricht Slenczka von einer «durch Paulus angeregte[n], aber produktiv weit über ihn hinausgehende[n] Erschließung der menschlichen Existenz»[185]. Diese Einsicht von Slenczka setzt voraus, dass die biblischen Texte von dem zu unterscheiden sind, was der Gegenstand des Glaubens ist, und dass das, was Gegenstand des Glaubens ist, in einem auf das gegenwärtige Verstehen zielenden Verstehensprozess, zu dem auch die biblischen Texte gehören, immer neu für die Gegenwart verstanden wird.

Die Unterscheidung zwischen dem «Buch» und dem immer neu zur Sprache zu bringenden und zu verstehenden Eigentlichen des Glaubens kann Luther ganz parallel zu Schleiermachers Satz, dass «[j]ede heilige Schrift nur ein Mausoleum der Religion [ist], ein Denkmal, daß ein großer Geist da war, der nicht mehr da ist» (s. o.) formulieren: «Dass man aber hat müssen Bücher schreiben, ist schon ein großer Abbruch und ein Gebrechen des Geistes, dass es die Not erzwungen hat und nicht die Art des Neuen Testaments ist»[186].

---

180 Ebd.

181 A. a. O., 14 f.

182 Slenczka, Paulus-Perspektive, 191.

183 A. a. O., 194.

184 Ebd.

185 A. a. O., 195.

186 WA 19 I/1, 627, 1–3.

Oder: «Christus hat nämlich nichts geschrieben, sondern alles gesprochen, die Apostel haben wenig geschrieben, das meiste hingegen gesprochen»[187]. Nicht die biblischen Texte sind für Luther Glaubensgegenstand, vielmehr sind sie am Zentrum des Glaubens, Jesus Christus, zu messen; sie empfangen von ihm her ihre Bedeutung: Darin «stimmen alle rechtschaffenen heiligen Bücher überein, dass sie allesamt Christum predigen und treiben. Auch ist das der rechte Prüfstein, alle Bücher zu beurteilen, ob sie Christum treiben oder nicht, da alle Schrift Christum zeiget, Röm 3 und der Heilige Paulus nichts als Christum wissen will, 1Kor. 2. Was Christum nicht lehrt, das ist nicht apostolisch, selbst wenn es der Heilige Petrus oder der Heilige Paulus lehrte. Wiederum, was Christum predigt, das ist apostolisch, selbst wenn es Judas, Hannas, Pilatus und Herodes täte»[188]. So kann Luther den Jakobus- und Judasbrief kritisieren als höchst problematische – Christum nicht angemessen treibende – Texte.[189] Weil Luther die einzelnen Texte oder Textstellen an dem Prüfstein misst, «ob sie Christum treiben oder nicht», konnte er nicht nur «schrifft gegen schrifft»[190], sondern notfalls sogar «Christum contra scripturam»[191] ins Feld führen. Im Blick auf diesen Befund formuliert Friedemann Stengel in seiner aufschlussreichen Untersuchung aus dem Jahr 2015 pointiert: «Luthers Ausgangspunkt ist nicht die Schrift, sondern solus christus und sola crux»[192]. So sei statt von einem Schriftprinzip eher von einer

---

187 WA 5, 537, (10–22), 11 f.

188 WA DB 7, 384, 25–32.

189 Zu Recht formuliert Oswald Bayer: «Hier wird die Grenze, die christliche Theologie von einem Bibelfundamentalismus trennt, in aller Klarheit sichtbar», einer «Formalisierung der Schriftautorität» (Bayer, Theologie, 74) sei deutlich gewehrt.

190 WA 45, 35, 28.

191 Die Doktorpromotion von Hieronymus Weller und Nikolaus Medler. 11. und 14. September 1535; WA 39,1,47,19 f.

192 Stengel, scriptura, 105; ähnlich bereits Knuth, Schriftprinzip, 158, Jähnichen, Sola scriptura, 132. Stengel weist darauf hin, dass häufig das reformatorische Schriftprinzip mit dem *sola scriptura* in Verbindung gebracht oder identifiziert werde, diese Formel aber in Luthers Gesamtwerk lediglich zehnmal verwendet werde (Stengel, scriptura, 24). Der Vielschichtigkeit und Unabgeschlossenheit der Debatten, die in der frühen reformatorischen Bewegung über die Stellung der Schrift geführt worden sind, liege kein reformatorisches Schriftprinzip zugrunde. Darüber hinaus verdeutlicht Stengel, dass sich die Rede vom Schriftbezug als Wesensmerkmal des Protestantismus erst nach und nach durchsetzte und dabei stets als Differenzkriterium zum Katholizismus eingesetzt worden sei (vgl. Stengel, scriptura, 30). Von hier aus folgert Stengel, «dass das reformatorische Schriftprinzip zwar an die konfessionellen Auseinandersetzungen im 19. Jahr-

«Argumentation mit der Heiligen Schrift zu sprechen»[193]. Dabei sei zu beobachten, dass Luthers Berufung auf die Schrift, die dieser in unterschiedlichen Kontexten vorgenommen habe, sich als autoritative Absicherung einer bestimmten (nämlich seiner eigenen) Theologie durch Schriftgemäßheit erweise.[194] Dieser von Stengel klar und pointiert herausgestellte Sachverhalt ist bereits früh den Gegnern Luthers nicht verborgen geblieben: So hat Erasmus in seiner Schrift über den freien Willen bemerkt, dass das Zentrum von Luthers Schriftlehre nicht die Schrift, sondern seine Rechtfertigungslehre ist. In einer Analyse von Luthers Übersetzung des Neuen Testaments von 1522 zeigt Hieronymus Emser, dass Luther an vielen Stellen einfach seine eigene Theologie eingetragen habe.[195] Dieses Vorgehen ist in der Gegenwart nicht möglich, ohne das Schriftverständnis neu zu formulieren. Zu Recht urteilt Kinga Zeller, dass die moderne Herausbildung des historischen Bewusstseins es nicht möglich macht, Luthers Schriftverständnis bruchlos zu teilen.[196]

(d) *Bibel als geschichtlicher Ursprung:* Die Texte des Neuen Testaments sind als geschichtlicher Ursprung des überlieferungs- und kulturgeschichtlichen Vermittlungsprozesses dessen, was christlich ist, zu sehen.[197] In dieser Weise bringt Friedrich Schleiermacher die neutestamentlichen Texte zur Sprache, insofern er diese als «das erste Glied in einer seitdem fortlaufenden Reihe aller Darstellungen des christlichen Glaubens»[198] zu verstehen anleitet. Gegen die

---

hundert anknüpft, aber in seiner engen Verbindung mit Luther im Grunde ein Produkt der Lutherrenaissance im ersten Jahrzehnt des 20. Jahrhunderts gewesen ist» (a. a. O., 38).

193 A. a. O., 39.

194 Vgl. a. a. O., 117.

195 Emser, New Testament.

196 So auch Zeller, Schriftverständnis, 228. Dabei ist aber zu betonen, dass, auch wenn es keinen Sinn macht, die Schrift gegen die Tradition auszuspielen, das sola sciptura eine (wenn auch sehr bescheidene und begrenzte) Verwendung finden kann. So ist Oda Wischmeyer zuzustimmen, dass Luther damit die Bibel für eine Lektüre ohne autoritativ vorgegebene Sinnfestlegung öffne (Wischmeyer, Sola scriptura, 236 f).

197 Das gilt auch dann, wenn die Texte des Neuen Testaments nicht die ältesten Dokumente des christlichen Glaubens sind. Sie sind der Ursprung, den sich die Gemeinde gegeben hat und von dem im überlieferungs- und kulturgeschichtlichen Vermittlungsprozess in einem breiten Strom ausgegangen wird.

198 Schleiermacher, Glaube 2, § 129, Leitsatz.

Vorstellung eines reinen Anfangs und einer dem Anfang folgenden Verfallsgeschichte betont Schleiermacher, dass das Christliche erst im Laufe der geschichtlichen Entwicklung in seiner Klarheit erfasst wird, weil erst hier das eigentlich Christliche immer weiter von verunreinigten Vorstellungen unterschieden wird, die dem Anfang noch beigemischt sind.[199] Dennoch – so Schleiermacher – muss sich nachweisen lassen, dass alles Spätere mit den ursprünglichen Zeugnissen in einer «Übereinstimmung» steht. Nun darf Übereinstimmung nicht falsch verstanden werden. Denn einige Sätze zuvor hat Schleiermacher bereits festgestellt: «Wir verstehen sie auch nicht so, als ob alle spätere Darstellung gleichmäßig müßte aus dem Kanon abgeleitet werden und in ihm schon dem Keime nach enthalten sein. Denn seitdem der Geist eingegossen ist auf alles Fleisch, ist auch kein Zeitalter ohne eine eigentümliche Ursprünglichkeit christlicher Gedanken»[200]. «Übereinstimmung» bedeutet vielmehr, dass nachvollziehbar gemacht werden muss, wie die Entwicklungslinien ausgehend von den biblischen Texten verlaufen und inwiefern diese mit den Texten in einem Zusammenhang stehen. Insofern kann dann auch die Formulierung von Pannenberg aufgegriffen werden, wenn dieser von «der Bindung des Christentums an seinen geschichtlichen Ursprung als bleibendem Maßstab seiner Identität»[201] spricht. Diese Bindung geschieht natürlich immer retrospektiv: In der jeweiligen Gegenwart wird auf den Anfang des Traditionsprozesses geblickt und damit die Gegenwart zu dem Anfang in Beziehung gesetzt. Damit wird die Gegenwart vor dem Anfang verantwortet. Dies ist aber etwas völlig anderes, als zu glauben, direkt von der Bibel in die Gegenwart springen zu können.

(c) *Das Alte Testament als Teil der Bibel:* An dieser Stelle ist nun in gebotener Kürze auf das Alte Testament einzugehen, bei dem die Diskussion anders gelagert ist als in Bezug auf das Neue Testament: Wird hinsichtlich des Neuen Testaments gefragt, in welcher Weise die besondere Bedeutung des Neuen Testaments für den christlichen Glauben begründet werden kann, so fragte die theologische Diskussion in Bezug auf das Alte Testament in viel grundsätzlicherer Weise, welche Stellung dem Alten Testament als Teil des biblischen Kanons überhaupt zukommt. Hier geht es nicht nur um die Frage, ob das Alte Testament dem Neuen Testament subordiniert ist[202] oder beide

---

199 Vgl. a. a. O., § 129, 2.

200 Ebd.

201 Pannenberg, Prinzipien, 80.

202 Die Subordination des Alten Testaments vertritt bspw. Elert, Dogmatik, 183–189.

Testamente einander legitimieren[203], sondern auch darum, ob das Alte Testament überhaupt einen Anspruch hat, integraler Bestandteil einer christlichen Bibel zu sein.[204]

Nun wird man nicht sagen können, dass in den alttestamentlichen Texten die Erfahrungen mit der Person Jesus von Nazareth verarbeitet wurden oder dass das Alte Testament Jesus von Nazareth verkündigt, auch wenn die christliche Gemeinde in ihren Anfängen die alttestamentlichen Texte (und zwar in Gestalt der Septuaginta) mithilfe einer allegorischen und typologischen Deutung als Bekundung ihres Glaubens verstanden hat. Gerade dies ist einem historischen Bewusstsein nicht mehr möglich. So kündigte bereits Friedrich Schleiermacher in seiner Glaubenslehre an, dass in Zukunft «die Differenz zwischen beiderlei Schriften allgemein anerkannt sein wird»[205]. Aus diesem Grund behandelt Schleiermacher die alttestamentlichen Schriften nur in einem Zusatz zu dem Lehrstück «Von der heiligen Schrift». Ein Zusatz ist die Erörterung der alttestamentlichen Schriften nach Schleiermacher gerade aus dem Grunde, «weil er nur polemisch ist und daher überflüssig wird, sobald die Differenz zwischen beiderlei Schriften allgemein anerkannt sein wird»[206]. So liegt nach Schleiermacher «das allmählich immer weitere Zurücktreten des Alten Testaments […] in der Natur der Sache»[207]. Ganz ähnlich lautet die bekannte These von Adolf von Harnack: «[D]as AT im 2. Jahrhundert zu verwerfen, war ein Fehler, den die große Kirche mit Recht abgelehnt hat; es im 16. Jahrhundert beizubehalten, war ein Schicksal, dem sich die Reformation noch nicht zu entziehen vermochte; es aber seit dem 19. Jahrhundert als kanonische Urkunde im Protestantismus noch zu konservieren, ist die Folge einer religiösen und kirchlichen Lähmung»[208]. Bei der Beurteilung der These Harnacks – gar einer vorschnellen Verurteilung dieser – sind drei Punkte zu bedenken, mit denen Harnack seine These erläutert:

Erstens: Harnack *erkennt* die Bedeutung des Alten Testaments für die Einsicht in das geschichtliche Handeln Gottes durchaus an.[209] Gerade daher lehnt Harnack Marcions Verwerfung des Alten Testaments im 2. Jahrhundert ab: Es geschah aus falschen Motiven.

---

203 So bspw. von Rad, Theologie II, 411.

204 So möchte bspw. Emanuel Hirsch eigentlich nur das Neue Testament als Bibel im eigentlichen Sinne gelten lassen (vgl. Hirsch, Christliche Rechenschaft 1, 43).

205 Schleiermacher, Glaube 2, § 132, 1.

206 Ebd.

207 A. a. O., § 132, 3.

208 Harnack, Marcion, 217.

209 Vgl. a. a. O., 217 f.

Zweitens: Das Problem des Alten Testaments erkennt Harnack gerade darin, dass der in ihm artikulierte Glaube dem im Neuen Testament artikulierten Glauben nicht entspricht. So formuliert Harnack in Bezug auf das Alte Testament: «[W]as christlich ist, kann man aus ihm nicht ersehen»[210].

Drittens: Harnack beabsichtigt keineswegs eine Verwerfung des Alten Testaments. So haben nach Harnack die evangelischen Kirchen die Pflicht, «das AT zwar an die Spitze der Bücher zu stellen, ‹die gut und nützlich zu lesen sind› und die Kenntnis der wirklich erbaulichen Abschnitte in Kraft zu erhalten, aber den Gemeinden darüber keinen Zweifel zu lassen, dass das Alte Testament *kein* kanonisches Buch ist»[211]. Daher ist von «‹verwerfen› […] nicht die Rede, vielmehr wird dieses Buch erst dann in seiner Eigenart und Bedeutung (die Propheten) überall gewürdigt und geschätzt werden, wenn ihm die *kanonische* Autorität, die ihm nicht gebührt, entzogen ist»[212].

In der Gegenwart hat Notger Slenczka die Gedanken von Schleiermacher und Harnack aufgegriffen: In seinem bekannten und vieldiskutierten Aufsatz formuliert Slenczka: «Wenn jemand ernsthaft die Texte des Alten Testaments in ihrer Gänze liest und überschaut, wird er oder sie sich nur in engen Grenzen dazu imstande sehen, sie als Ausdruck des Gottesverhältnisses zu lesen und zu verstehen, das sein christlich-religiöses Bewusstsein ausspricht und das er in den Texten des NT wiedererkennen und begründet sehen kann. Es ist faktisch so, dass wir den Texten des AT in unserer Frömmigkeitspraxis einen minderen Rang im Vergleich zu den Texten des NT zuerkennen»[213].

Nun wird man sicherlich zustimmen können, dass das Alte Testament nicht das (gegenwärtige) christliche Bewusstsein enthält, allerdings – so wird man sofort hinzufügen müssen: das Neue Testament auch nicht. In der Tat: Wenn jemand verstehen will, was das Christliche ist, würden wir ihm sicherlich nicht zuerst das Alte Testament zu lesen geben, aber wir würden ihm auch nicht einfach das Neue Testament zur Lektüre empfehlen. Das, was wir in der Gegenwart unter dem Christlichen verstehen, hat sich im Laufe des Traditionsprozesses herausgebildet. Ein direkter Sprung in das Neue Testament zur Beantwortung der Frage ist nicht möglich. In Bezug auf das Neue Testament haben wir festgestellt, dass die neutestamentlichen Autoren ihre Erfahrungen in den neutestamentlichen Texten in Auseinandersetzung mit den Texten des Alten Testaments zur Darstellung gebracht haben, so wie alle weiteren Gene-

---

210 A. a. O., 223.

211 Ebd.

212 Ebd.

213 Slenczka, Alte Testament, 119.

rationen ihre Denkerfahrungen in Auseinandersetzung mit den Texten des Neuen und Alten Testaments. Natürlich ist es einem historischen Bewusstsein nicht mehr möglich, in der Weise auf das Alte Testament zuzugreifen, wie die neutestamentlichen Autoren es getan haben. Allerdings ist es auch einem historischen Bewusstsein nicht mehr möglich, auf das Neue Testament Bezug zu nehmen, wie es frühere Generationen (wie bspw. Martin Luther [s. o.]) getan haben. Zur christlichen Identität gehört es aber – und dies ist kein Glaubenssatz, sondern mit Blick auf die Erfahrung der Tradition der Glaubensvermittlung gesagt[214] –, auf diese Texte bleibend Bezug zu nehmen, ohne damit zu behaupten, das (gegenwärtige) christliche Bewusstsein in ihnen abgebildet zu sehen. In Bezug auf das Neue Testament zeigte sich, dass wir an die neutestamentlichen Texte anknüpfen, indem wir zeigen, wie wir vom (vorläufigen) Ende des Traditionsprozesses aus den Anfang begreifen, und so zur Sprache bringen, «was Christum treibet». Dies gilt auch für das Alte Testament: Wir zeigen, wie wir von hier aus das Alte Testament verstehen, wo wir anknüpfen können und wo nicht. Zeigte sich in Bezug auf die neutestamentlichen Texte, dass diese immer – mithilfe des überlieferungs- und kulturgeschichtlichen Traditionsprozesses – auf den Grund, nämlich Christus, hin durchsichtig gemacht werden müssen, so gilt dies natürlich auch für die alttestamentlichen Texte. Diese haben ihren Ort im Zur-Sprache-Bringen des Christusgeschehens. Man muss natürlich sofort ergänzen: Dies gilt für das Alte Testament in seinem *christlich-religiösen* Gebrauch, nicht als eine Arbeitsanleitung für eine historisch-kritische Forschung. Dass die alttestamentlichen Texte selbstverständlich religiös auch in einem anderen Horizont als auf Christus hin gelesen werden können, demonstriert das rabbinische Judentum. Sowohl für das Alte als auch das Neue Testament gilt: Erst innerhalb einer bestimmten (in der Überlieferungs- und Kulturgeschichte sich herausgebildet habenden) Lesart werden die Texte zu *christlichen* Texten.

(f) *Ort der Bibel im Gottesdienst:* Die Bibel – so haben wir gesagt – begegnet an ganz unterschiedlichen Orten: im Theater, in der Literatur, in der Musik, im Film. Den zentralen Ort der Bibel in ihrer Funktion in der Kommunikation und Vermittlung des Evangeliums (d. h. als Schrift) hat sie im Gottesdienst. Von daher ist Jörg Lauster zuzustimmen, wenn er davon spricht, dass die

---

[214] Dass die Erfahrung die Bedeutung der Schrift in dem Prozess der Glaubensbildung lehrt, bedeutet nicht, dass ein solcher Prozess grundsätzlich nur mithilfe der Schrift geschehen kann, sondern nur, dass er faktisch so geschieht. Vgl. hierzu Roth, Verhältnis, 241 f.

Bibel die «Zentralfunktion» im liturgischen und rituellen Gebrauch entfaltet: «Nicht als Buch an sich, das privat gelesen wird, sondern als Buch, das im Gottesdienst verlesen und ausgelegt wird, erweist sie sich als prägende Ausdrucksgestalt christlicher Grunderfahrungen. Ihre Bedeutung als heilige Schrift wird vorrangig im gottesdienstlichen Gebrauch anschaulich kommuniziert»[215]. Im Gottesdienst wird die Bibel allererst zur Schrift, insofern sie hier Mittel der Kommunikation des Glaubens wird. Dabei ist aber zu betonen, dass der religiöse Gebrauch in der Verkündigung nicht an den sonntäglichen Gottesdienst gebunden ist – Verkündigung kann es an den unterschiedlichsten Orten geben, wie in der Jugendarbeit oder beim abendlichen Vorlesen am Kinderbett. Von daher ist auch «Gottesdienst» nicht zu eng zu fassen. Mit Gottesdienst ist in unserem Zusammenhang der Ort gemeint, wo Verkündigung geschieht, d. h. wo das Evangelium zur Sprache gebracht wird. Entscheidend ist: Allererst im Gebrauch der Verkündigung werden die biblischen Texte zur Schrift. Außerhalb des Gebrauchs zur Kommunikation des Glaubens bleibt die Bibel ein Buch mit zahlreichen Themen, die «kein interpretatorischer Gewaltakt auf einen Nenner bringen kann, ohne wenigstens einige von ihnen zu vergewaltigen»[216]. Die Bibel zur einsamen Lektüre zu empfehlen, eröffnet nicht den Weg zum Glauben. So hat nach Dalferth der Pietismus, «weil er eine *Bibellesebewegung* war und ist, zur Entkirchlichung und zwar zur religiösen Entkirchlichung der Bibel beigetragen»[217]. Wird das eigene Lesen der ganzen Bibel zum Programm erhoben, trete an die Stelle des *sola scriptura* die *tota biblia*.[218] Der Pietismus – so Dalferth – tue «den – durch Gutenberg ermöglichten – entscheidenden Schritt, die Rezeption der biblischen Texte in breiter Front aus dem gottesdienstlichen Zusammenhang und seiner christologischen Perspektivität und Selektion zu lösen»[219]. Biblische Texte zu lesen sei nicht das Entscheidende, ja, die massenhafte Verbreitung der Bibel sei für ihren religiösen Gebrauch kontraproduktiv. «Das Bibellesen zu propagieren war sinnvoll vor dem Hintergrund einer Gesellschaft, für die die Kirche und die Teilnahme am Leben der christlichen Gemeinde eine (wie auch immer wahrgenommene) Lebensrealität war. Doch die Zeiten haben sich geändert. Wer heute die Bibel liest, liest eben ein Buch, setzt sich damit aber noch keineswegs mit der Kirche auseinander. Bibellektüre kann auf alle möglichen

---

215 Lauster, Entzauberung, 88. So auch Gräb, Schriftprinzip, 319 f.

216 Dalferth, Wirkendes Wort, 246.

217 A. a. O., 407.

218 Vgl. a. a. O., 408.

219 A. a. O., 410.

Wege und Irrwege des Verstehens führen. Die kirchliche Hoffnung, dass der *Weg von der Kirche zur Bibel* umkehrbar sei und dem *Weg von der Bibel zur Kirche* entspreche, geht von falschen Voraussetzungen aus: Sie unterschätzt die Eigendynamik des Buches, und sie überschätzt die Orientierungskraft der Lektüre»[220].

Wenn wir von der Bibel als Mittel der (mündlichen) Verkündigung sprechen, dann darf nicht übersehen werden, dass der Traditionsprozess bestimmt, welche Teile der Bibel als christusgemäß gelten und wie die Schrift in der Verkündigung laut wird; mit Peter Dabrock gesprochen: Durch den Traditionsprozess wird die Bibel «gewichtet»[221]. In der Verkündigung kommen nicht einfach *die* biblischen Texte zur Anwendung, sondern eine bestimmte Lesart der biblischen Texte, die sich einem überlieferungs- und kulturgeschichtlichen Denkprozess verdankt. In diesem überlieferungs- und kulturgeschichtlichen Vermittlungsprozess wird allererst ermittelt, was das Christliche ist, d. h. die Gegenwartsrelevanz des Evangeliums. Damit wird auch ermittelt, in welcher Weise auf die biblischen Texte zugegriffen wird, was betont wird und was unbetont bleibt, was hervortritt und was im Hintergrund bleibt, um so den Texten ihre gegenwartserschließende Kraft zu geben. Es geht – um das Diktum von Notger Slenczka aufzugreifen – um eine durch die biblischen Texte angeregte, aber produktiv weit über sie hinausgehende Erschließung der menschlichen Existenz.[222] Dies lässt sich vor allem im Blick auf den traditionellen Gottesdienst verdeutlichen. Eine über die biblischen Texte hinausgehende Erschließung der menschlichen Existenz würde natürlich nicht gelingen, wenn im Gottesdienst ausschließlich die biblischen Texte zu Gehör gebracht würden. Diese Ausschließlichkeit würde – im Anschluss an Dalferth gesagt – die Eigendynamik der Texte unterschätzen und die Orientierungskraft der Lektüre der Texte überschätzen. Eine bestimmte Liturgie, Bekenntnisse und der Tradition entstammende Lieder und Gebete bringen den Glauben zur Sprache und geben somit auch immer die Leseanweisung für die biblischen Texte, derer sich auch die Predigt bedient. Auch Predigttexte sind nicht einfach *die* biblischen Texte, sondern eine Auswahl von biblischen Texten unter dem Gesichtspunkt ihrer Eignung als Mittel zur Kommunikation des Evangeliums in der Gegenwart. Sowohl ihre Auswahl als auch ihre Auslegung verdanken sich dem überlieferungs- und kulturgeschichtlichen Ver-

---

220 A. a. O., 412.

221 Dabrock, Bibel, 57.

222 Vgl. Slenczka, Paulus-Perspektive, 195.

mittlungsprozess, in dem das Christliche zu seiner Klarheit gebracht wird und vor dessen Horizont die auszulegenden Texte zu Gehör gebracht werden.[223]

Vergegenwärtigt wird Christus im Wort der Verkündigung, das als persönliche Anrede an den Menschen ergeht. So formuliert Martin Luther, dass das Evangelium «eygentlich nicht das [ist], das ynn buechern steht und ynn buchstaben verfasset wirtt, sondernn mehr eyn mundliche predig und lebendig wortt, und eyn stym, die da ynn die gantz wellt erschallet und offentlich wirt außgeschryen, das mans uberal hoeret»[224]. Das Wort Gottes in Christus ergeht in, mit und unter dem Wort der Verkündigung an den Menschen. Insofern kann die Verkündigung (wie auch Verkündigung in den biblischen Texten) als Wort Gottes bezeichnet werden. Durchaus bedenkenswert in diesem Zusammenhang sind die Überlegungen von Albrecht Beutel, nämlich, dass die Kategorie der Mündlichkeit «den Menschen aus der Rolle eines gleichsam neutralen Interpreten von Texten herausnötigt und, ihn anredend, selbst zum Hörer macht»[225]. Beutel zieht die Konsequenz, dass das Wort den Menschen «damit zu einer Antwort […] herausgefordert sein läßt»[226].

1.5 Zwischenfazit

Ausgegangen sind wir von der Beobachtung, dass zwar das *sola scriptura* oft als Herzstück protestantischer Identität bezeichnet wird, es aber keineswegs klar ist, was «schriftgemäß» eigentlich heißt. So kann es nicht überraschen, dass ein recht undisziplinierter Schriftbezug in der Ethik vorherrscht.

Eine Reserve gegen eine direkte Bezugnahme auf biblische Texte zur Begründung von ethischen Urteilen trat in drei prinzipiellen Überlegungen zutage: Erstens zeigte sich, dass die Etablierung der biblischen Texte als ethische Begründungsfigur dem Bewusstsein der Autonomie entgegensteht, das den ethischen Diskurs in der Neuzeit bestimmt. Zweitens macht auch der zeitliche

223 So ist eine Predigt auch etwas anderes als eine exegetisch korrekte Interpretation, die den Text in seiner Zeit versteht. Henning Luther formuliert zu Recht: «Werkgetreu ist nicht eine Inszenierung, die eine philologisch exakte oder sinnadäquate Wiedergabe des Textes bietet, sondern die, die den veränderlichen geschichtlichen Umständen entsprechende neue Konkretisationen schafft, in denen der Text weiterlebt» (Luther, Predigt, 404).

224 WA 12, 259, 10–13, vgl. WA 10,3, 400, 13–15. – Auch unter den modernen Bedingungen eines multimedialen Zeitalters gilt: «Die Sprache bleibt vornehmlich als gesprochene elementares Medium der Begegnung» (Petzoldt, Theologie, 82).

225 Beutel, Konkretionen, 74.

226 Ebd.

Abstand der biblischen Texte zur Gegenwart es unmöglich, aus ihnen ethische Orientierung für die Gegenwart zu erhoffen. Drittens haben wir darauf aufmerksam gemacht, dass die Bibel nicht Gegenstand des Glaubens ist, sondern ihren Ort im Prozess der Glaubensbildung und Glaubenskommunikation hat.

Gegen diese Einsichten sind viele kirchliche Vertreterinnen und Vertreter, Theologinnen und Theologen auffällig resistent. Woran liegt das? Bereits David Friedrich Strauß hat bemerkt, dass der Autoritätszuwachs der Bibel zum Autoritäts- und Machtgewinn ihrer Ausleger wird.[227] Dieses Machtinteresse scheint zu einer systematischen Vernachlässigung der eben genannten prinzipiellen Einsichten zu führen. Statt darüber aufzuklären, aus welchen Gründen ein naiver Bibelgebrauch problematisch ist, scheint die Versuchung zu stark zu sein, sich als Spezialist und Kundiger der Bibel zu gebärden und dann als Wissender die Unwissenden zu orientieren. Statt aufzuzeigen, warum sich die Bibel innerhalb eines aufgeklärten Protestantismus nicht als Machtmittel gebrauchen lässt, kommt es dann dazu, dass sie als Machtmittel eingesetzt wird, um so eine Deutungshoheit im ethischen Diskurs zu gewinnen – freilich nur für die, die in irgendeiner Weise sich dem Raum der Kirche und dem christlichen Glauben zugehörig fühlen. Wohin dies führen kann, zeigt in erschreckender Weise die ForuM-Studie aus dem Jahr 2024. Ein trauriges Beispiel ist hier der Bericht einer Betroffenen von sexuellem Missbrauch darüber, wie der Täter reagiert, nachdem sie ihn mit den Tatvorwürfen konfrontiert: «Postwendend hat der [Täter] sich gemeldet […] und hat eben geschrieben, er könne sich nicht daran erinnern, aber wenn ich das so schreibe, wäre das ohne Zweifel so gewesen. Und dann wird er irgendwie so theologisch und bringt dann irgendwelche Bibelzitat [sic!] und sonst was alles. Und dann hat er mich um Vergebung gebeten in dem Brief. Und dann habe ich ihm zurückgeschrieben, dass das mit der Vergebung so einfach nicht geht und dass ich da erst mal wissen will, wen hat denn das alles noch betroffen und wie er denn dazu steht. […] Und habe ihm auch mitgeteilt, dass ich das eben an viele Leute auch weitergesagt habe und auch schriftlich weitergegeben habe und so. Und dann schreibt er wieder schnell zurück, dass er sich jetzt mit seinem Seelsorger verständigt hätte und ja, ihm das alles auch gebeichtet hätte und Vergebung da bekommen hätte […]. Und: ‹Mein Seelsorger meinte, ich sollte dir einen brüderlichen Rat geben und du möchtest etwas vorsichtiger sein mit der Öffentlichkeit, das alles in die Öffentlichkeit zu bringen.› Also es wie so eine

---

227 Vgl. Strauß, Glaubenslehre I, 199 f.

nicht mehr ganz versteckte Drohung [sic!]»[228]. Interessant ist, dass der Täter «irgendwie so theologisch» wird und verschiedene Bibelverse zitiert. Ulrike Peisker formuliert in Bezug auf diesen Fall treffend: «Die ‹theologische Art› zu sprechen ist, so scheint es, ein Modus, der gesondert – und man möchte vermuten: gezielt – eingenommen wird, um die Vergebungsbitte vorzubereiten. Dabei scheint sich die ‹Theologizität› seiner Vorrede zu der Vergebungsbitte vor allem aus dem Zitieren unterschiedlicher Bibelstellen zu speisen. So theologisch eine assoziative Auflistung verschiedener Bibelstellen auch anmuten mag, so wenig hat dies mit einer theologisch verantwortlichen, der Vernunft verpflichteten Argumentation zu tun und ist allenfalls frömmelnde Schaumschlägerei. Der Täter instrumentalisiert hier die biblischen Texte, um sich als Wissender zu gerieren, der eine in seinen Augen Unwissende darüber aufklären zu müssen meint, welches Verhalten ihrerseits durch eine angebliche Autorität der Bibel moralisch geboten sei. Die Zurschaustellung einer vermeintlichen theologischen Kompetenz wird zur Machtausübung über das Gegenüber gebraucht. Man kann nur vermuten, welche Bibelstellen der Täter dort ins Feld zu führen als seinem Anliegen zuträglich empfunden hat. Möglicherweise waren es Mt 18,22, Lk 17,4 oder Eph 4,32, möglicherweise waren es das Nächstenliebegebot oder die fünfte Bitte des Vaterunsers. Gleich welche dieser oder anderer Bibelstellen der Täter als moralischen Wink mit dem Zaunpfahl seiner Vergebungsbitte vorangestellt hat – klar ist, dass solche Äußerungen, wenn sie auf der Vorstellung fußen, man könne aus Bibelversen unmittelbar moralische Imperative für die Gegenwart ableiten, nur bar jeden kritischen schrifthermeneutischen Verständnisses (Variante ‹inkompetent›) oder aber schrifthermeneutischen Überlegungen zum Trotz (Variante ‹verlogen›) getätigt werden können»[229].

Deutlich ist: Wenn das Auslegungsinteresse das Ergebnis der Auslegung bestimmt, vermag der Bezug auf die Bibel der eigenen Position Autorität zu verleihen – was natürlich dann umso besser gelingt, wenn man sich als Schriftgelehrter ausweisen kann, der «Hoheit» über die Bibel besitzt und so als Wissender die Unwissenden orientieren und sie in ihre Schranken weisen kann.

---

228 Forschungsverbund ForuM, Abschlussbericht, 762.

229 Peisker, Reflexion, 118 f; ausführlich hierzu Peisker, Vergebung, 218–225.

2 Theologische Ethik und Glaube

Wir sind in der Einleitung ausgegangen von der These, dass der Bezug auf die Bibel in vielen Fällen zu einer Vernachlässigung der rationalen Standards der ethischen Argumentation führt: Statt eines ethischen Arguments kommt es zu einer assoziativen, methodisch unkontrollierten und daher willkürlichen Bezugnahme auf biblische Texte. Insofern der Bibelbezug das rationale Argument ersetzt, droht der neuzeitliche Autonomieanspruch von Ethik und Moral durch eine ganz sonderbare Form der Heteronomie ersetzt zu werden; nämlich einer solchen, in der die betreffende Ethikerin und der betreffende Ethiker zwar vorgeben, sich durch die Aussagen der biblischen Texte bestimmen zu lassen, die Auslegung sich aber in Wahrheit nichts anderem verdankt als ihrem oder seinem eigenen Auslegungsinteresse. Damit machen die betreffenden theologischen Ethiker und Ethikerinnen nichts anderes, als sich durch die Bibel Autorität für die eigene Position zu verschaffen. Die biblischen Texte werden zum Instrument, um über andere Menschen Macht zu gewinnen. Am Schluss des letzten Kapitels sind die verheerendsten Auswüchse dieser Methode im Hinblick auf den Missbrauchsskandal in der Kirche zutage getreten. Hervorgetreten ist auch, dass diese Form der Bezugnahme auf die biblischen Texte nicht nur die neuzeitlichen Einsichten in die Historizität der biblischen Texte vernachlässigt, sondern ihr auch eine unprotestantische Verortung der Bibel innerhalb des Christentums zugrunde liegt: Es wird verkannt, dass die biblischen Texte nicht der Gegenstand des Glaubens sind, sondern ihren Ort in der Kommunikation des Evangeliums haben. Insofern die biblischen Texte – wie bereits Schleiermacher deutlich gemacht hat – nur Bedeutung innerhalb des Glaubens und für den Glaubenden haben, ist die grundlegende Frage nicht die Frage nach der Bedeutung der biblischen Texte für die theologische Ethik, sondern die Frage nach der Bedeutung des Glaubens für die theologische Ethik (innerhalb dessen dann die Bedeutung der biblischen Texte als Schrift, d. h. als Mittel der Kommunikation des Evangeliums zu erörtern ist). Dabei ist stets in Bezug auf den Glauben und das Glaubenswissen zu bedenken, was wir bereits in Bezug auf die biblischen Texte hinsichtlich des Autonomieanspruchs der Ethik festgestellt haben: Das moralische Subjekt muss sich sein ethisches Urteil aufgrund eigenen Verstehens und Einsehens bilden, es kann Urteile nicht aufgrund von Gehorsam gegenüber einer Autorität übernehmen. Das aber bedeutet, dass sich das ethische Subjekt nicht nur nicht den biblischen Texten unterwerfen kann, sondern auch nicht einem – wie auch immer zu verstehenden – Glaubenswissen.

Aufschlussreich sind die Überlegungen des Philosophen Peter Fischer, der in dem Sammelband «Was ist theologische Ethik» der Frage nachgeht, was er als Philosoph von einer theologischen Ethik erwartet. Fischer verweist auf den Glauben, wenn es um das Proprium der theologischen Ethik geht, denn – so Fischer – die Charakterisierung einer Ethik als theologische Ethik habe keinen Sinn, «wenn es zwischen einer Theologie und dem Glauben der entsprechenden Religion bzw. Konfession keinen konstitutiven Zusammenhang gäbe»[230]. Unter der Voraussetzung, dass die Theologie «Glaubenstatsachen und Glaubensartikel zu ihren Prämissen zählt», müsse die theologische Ethik «die Moral im Hinblick auf ihre Zusammenstimmung mit diesen Glaubensvoraussetzungen reflektieren»[231]. Hat Fischer so erläutert, was gelten muss, damit eine theologische Ethik eine *theologische* Ethik ist, so macht er einen zweiten Punkt namhaft, der entscheidend dafür ist, dass eine theologische Ethik als *Ethik* ernst genommen werden kann: Eine theologische Ethik muss, um den Anspruch zu erfüllen, Ethik zu sein, sich an der Vernunft orientieren. Für Fischer ist dies die Gretchenfrage der Theologie, genauer die Frage, wie sich die theologische Ethik zu einer Position verhalte, «die göttliche [...] Gebote, die aus heiligen Schriften, aus Offenbarungserlebnissen oder religiösen Autoritäten stammen, auch dann für verbindlich erklärt, wenn sie jeder argumentativ begründbaren menschlichen Einsicht in das moralisch Gebotene widerstreiten. [...] Die Frage nach der Stellungnahme zu dieser Art des moralischen Nihilismus kann daher als Gretchenfrage der Philosophie an die theologische Ethik gelten. Denn die Gretchenfrage lautet nicht: ‹Hast du's mit der Religion›, sondern: ‹*Wie* hast du's mit der Religion?›»[232]. Die Umkehrung der Gretchenfrage hinsichtlich des Nihilismusthemas laute «Vertraust Du der menschlichen Vernunft?»[233] Es liegt – so Fischer – in der «Verantwortung einer jeden theologischen Ethik, das Verhältnis ihrer Glaubensvoraussetzungen zur vernünftigen Argumentation explizit zu thematisieren»[234]. Damit hat Fischer von der Warte der Philosophie das Spannungsfeld der theologischen Ethik skizziert: zwischen Bezug auf den Glauben einerseits und der Verpflichtung zur vernünftigen Rechenschaft andererseits. Dies kann selbstverständ-

---

230 Fischer, Themen, 324.

231 A. a. O., 336.

232 A. a. O., 336 f.

233 A. a. O., 337.

234 Ebd.

lich nur gelingen, wenn die Art und Weise der Bezugnahme auf den Glauben der Verpflichtung zur vernünftigen Rechenschaft nicht widerspricht und die vernünftige Rechenschaft so gedacht wird, dass sie der Bezugnahme auf den Glauben nicht entgegensteht.

Das genannte Spannungsfeld zwischen Bezug auf den Glauben einerseits und Verpflichtung zu einer vernünftigen Rechenschaft andererseits wird auch innerhalb der Systematischen Theologie diskutiert. Insofern der Dogmatik die Rolle zufällt, die Inhalte des christlichen Glaubens zu thematisieren und zu reflektieren, wird die Frage nach der Beziehung, in der die Ethik zum Glauben steht, oftmals als Frage nach dem Verhältnis von Dogmatik und Ethik diskutiert.[235] Hierbei werden Fragen erörtert wie: Ist die Ethik gleichermaßen von Einsichten des Glaubens geleitet wie die Dogmatik oder entwickelt sie ihre Antwort auf das angemessene menschliche Handeln unabhängig vom Glauben?[236] Haben Dogmatik und Ethik einen unterschiedlichen Adressatenkreis, in dem Sinne etwa, dass die Dogmatik Themen des Glaubens behandelt, während die Ethik «allgemein-menschliche»[237] Fragen und Probleme erörtert? Und folgt aus dem unterschiedlichen Adressatenkreis auch eine unterschiedliche Methode, in dem Sinne etwa, dass die Dogmatik mit Verweis auf den Glauben argumentiert, während sich die Ethik auf die allgemein-menschliche Vernunft bezieht?

Nun geht es in diesem Zusammenhang nicht um die Frage nach Aufgabe und Gestalt der Dogmatik und auch nicht um eine enzyklopädische Verhältnisbestimmung von Dogmatik und Ethik, sondern ausschließlich um die Frage der Bedeutung des Glaubens für die Ethik (so sehr dies natürlich auch Konsequenzen für die Dogmatik hat). Im Folgenden möchte ich nach einer solchen Bezugnahme der Ethik auf den Glauben fragen, die erstens einem protestantischen Verständnis des Glaubens angemessen ist und zweitens offen ist für eine rationale Argumentation und nicht zu einem starren, unlebendigen Denken führt. Von hier aus werden wir dann abschließend die Bedeutung der Bibel für die Ethik klären können.

Ich setze ein mit einem Verständnis der theologischen Ethik, das zum Ziel hat, aus dogmatischen Glaubenssätzen ein moralisches Koordinatensystem abzuleiten, mit dessen Hilfe ethische Fragen mehr oder weniger eindeutig beantwortet werden können. Aufgrund ihres Bezugs auf Glaubenssätze, die

---

235 Vgl. Fischer, Theologische Ethik, 49–57.

236 Vgl. Roth, Ethische Theologie.

237 Vgl. Honecker, Vernunft, 334 f, der zwischen «christlichen Spezifica oder Propria» und «allgemein-menschliche[n] Phänomene[n]» unterscheidet.

nach allgemeinem Verständnis Gegenstand der Dogmatik sind, nenne ich diese Ethik «Dogmatische Ethik», ohne damit behaupten zu wollen, dass diesem Modell ein angemessenes Verständnis von Dogmatik oder ein angemessenes Verständnis von dem, was ein Glaubenssatz ist, zugrunde liegt.

2.1 Theologische Ethik als Ableitung aus Glaubenswissen? Probleme der dogmatischen Ethik (am Beispiel des Themas «Assistierter Suizid»)

Wenn wir uns im Folgenden die dogmatische Ethik anschauen, wähle ich als Beispiel die Diskussion um den assistierten Suizid – hat diese doch in theologischen und kirchlichen Kreisen noch einmal heftig Fahrt aufgenommen, nachdem im Januar 2021 die Theolog:innen Reiner Anselm, Isolde Karle und Ulrich Lilie mit einem Gastbeitrag in der FAZ an die Öffentlichkeit traten. Darin plädieren sie dafür, dass auch kirchliche Einrichtungen sich nicht kategorial dem Suizidwunsch verweigern sollten.[238] Geleitet ist der Text von dem Versuch, die Situation derer genauer in den Blick zu nehmen, die nach Suizidassistenz verlangen. Entscheidend für die Frage des assistierten Suizids – so Anselm – ist «eine möglichst umfassende Analyse der Situation, in der ethischer Reflexionsbedarf auftritt»[239]. Pointiert formuliert auch Ulrich Lilie, um was es geht: «genau hinsehen»[240]. Im Blick auf diese Situation werden Erwägungen angestellt, wie etwa die, ob dem Sterbewunsch des Sterbewilligen durch «entmündigende Bevormundung»[241] angemessen begegnet werden kann. Nun geht es an dieser Stelle nicht darum, die Einsichten von Anselm, Karle und Lilie zu diskutieren. Entscheidend für unseren Zusammenhang ist, dass diese Erwägungen eine Reihe von Ethikern und Ethikerinnen aus der Theologie auf den Plan gerufen haben, die beanspruchen, mithilfe von dogmatischen Glaubenssätzen besser in der Frage des assistierten Suizids orientieren zu können.[242] Drei solcher dogmatischen Sätze seien im Folgenden in den Blick genommen: (a) der dogmatische Satz «Gott ist der Herr des

238 Vgl. Anselm/Karle/Lilie, Suizid, 6.

239 Anselm, Leben als Gut, 104.

240 Jütte/Jung/Lilie/Mawick, Abschied, 39.

241 Anselm/Karle/Lilie, Suizid, 6.

242 Diesen problematischen Charakter haben freilich nicht alle Einsprüche aus dem Bereich der evangelischen Theologie gegen den Vorstoß von Anselm, Karle und Lilie. Vgl. etwa den Beitrag von Dabrock/Huber, Selbstbestimmt, der in seiner kritischen Erwiderung den rationalen Diskurs nicht durch den Hinweis auf dogmatische Sätze außer Kraft zu setzen sucht.

Lebens», (b) der dogmatische Satz «Das Leben ist ein Geschenk Gottes» und (c) der dogmatische Satz «Gott ist barmherzig».

Ad a: Eine der dogmatischen Aussagen, die beanspruchen, ethische Konsequenzen zu haben, ist die Aussage, dass Gott der Herr des Lebens ist. Der Katechismus der katholischen Kirche argumentiert: Weil Gott als «der höchste Herr des Lebens»[243] vorgestellt wird, der das Leben schenken und entziehen kann, sind wir verpflichtet, das Leben «dankbar entgegenzunehmen und es zu seiner Ehre und zum Heil unserer Seele zu bewahren»[244]. Dies interpretiert Josef Bormann folgendermaßen: «Der Mensch ist demzufolge [...] nicht dazu berechtigt, in der Weise vollständig über sein eigenes Leben zu verfügen, dass er dieses Leben auch vernichten dürfte, um sich z. B. alters- oder krankheitsbedingter Belastungen zu entziehen. Zwar weiß auch das katholische Lehramt um verschiedene Einflüsse, die die Freiheit und damit die Schuldhaftigkeit einer suizidalen Handlung vermindern können, doch sieht sie im freiheitlichen Suizid letztlich einen Akt menschlicher Hybris, der sich eine Verfügungsgewalt über das Leben anmaßt, die ihm als Geschöpf *per definitionem* nicht zusteht»[245]. Nun muss man gar nicht bestreiten, dass der Satz, dass Gott der Herr des Lebens ist, seinen Ort innerhalb der christlichen Glaubenssprache hat: Er bringt zum Ausdruck, dass das eigene Leben ein verdanktes Leben ist. Daher kann ein solcher Satz durchaus seinen Ort auch in der Situation des Sterbewilligen haben: Der Sterbewillige nimmt auch diese Situation aus Gottes Hand und deshalb kann er sie auch als Klage vor den allmächtigen Gott bringen, indem er bspw. schreit: «Wie lange noch willst du mich quälen?» Daraus aber zu folgern, man dürfe das eigene Leben nicht beenden, ist völlig willkürlich. Die Rede davon, dass Gott der Herr über mein Leben ist und dass Gott der ist, der alles in allem wirkt, hat ja auch nicht zur Konsequenz, dass ich nichts gegen eine schwere Krankheit unternehme, um der von Gott beabsichtigten Beendigung meines Lebens nicht zu widersprechen. Diese Argumentation würde zudem einen Kategorienfehler begehen, weil sie das Handeln Gottes und das Handeln des Menschen auf einer Ebene loziert. Dies hat bereits David Hume deutlich herausgestellt.[246] So wie bereits ein Tier, soweit es ihm mit seinen Fähigkeiten möglich ist, die Wirkungen der unbelebten Natur abändere, so greife auch der Mensch in jedem Moment sei-

---

243 Katechismus der Katholischen Kirche, Nr. 2280.

244 Ebd.

245 Bormann, Suizidbeihilfe, 207 f.

246 Vgl. Hume, Über Selbstmord, 5–13.

nes Wirkens in den allgemeinen Naturverlauf ein. Es wäre daher nach Hume absurd zu behaupten, dass der Mensch in verbrecherischer Weise in den Naturverlauf eingreife, wenn er bspw. den Kopf vor einem herunterfallenden Stein wegziehe.

Ad b: Auch der Satz, dass das Leben ein Geschenk Gottes ist, hat in der christlichen Glaubenssprache seinen Ort. Der in dieser Weise von der Schöpfung sprechende Mensch bringt mit einem solchen Satz zum Ausdruck, dass er sich nicht bloß als Element innerhalb des Naturzusammenhangs versteht, sondern die Welt als ihm *persönlich* zugesagt wahrnimmt und daher die Gegenwart als den ihm eröffneten Möglichkeitsraum des Handelns. «Nimm hin und iß – für Dich gegeben!» In dieser Weise hat auch Martin Luther im Kleinen Katechismus den 1. Artikel des Glaubensbekenntnisses ausgelegt. Gott bewahrt und behütet uns «aus lauter väterlicher, göttlicher Güte und Barmherzigkeit ohn alle mein Verdienst und Wirdigkeit»[247]. Die Formulierung «ohn alle mein Verdienst und Wirdigkeit» überrascht im Kontext der Rede von der Welt als Schöpfung, hat sie doch ihren eigentlichen Ort in der Rechtfertigungslehre, in der die Annahme des Menschen ohne seine eigenen Leistungen, Fähigkeiten und Qualitäten thematisiert wird.[248] Auch die Gabe der Schöpfung ist nach Luther allein Gottes Werk, insofern auch die Gewährung von Leben von menschlichem Verhalten unabhängig gemacht wird. Dieser Gabe-Charakter des Lebens wird von Reiner Anselm zu Recht als Evangelium bezeichnet: «Das Geschenk des individuellen Lebens erfolgt rein aus Gnade, ohne Gegenleistung». Anselm fährt fort: «Daraus eine Pflicht abzuleiten, wie das in manchen Argumentationsformen geschieht, die mit dem Geschenk des Lebens operieren, bedeutet, das Evangelium zum Gesetz zu verkehren»[249]. In der von Anselm kritisierten Weise verfährt bspw. Michael Herbst: «Warum sollte aus der Gabe keine Pflicht erwachsen? Warum sollte der erklärte Wille Gottes (‹Du sollst leben!›) nicht das Gebot nach sich ziehen, zu dem ich mich dankbar bestimme: ‹Du sollst leben wollen!› Es ist ja durchaus nicht ungewöhnlich, dass aus Gaben auch Aufgaben, Aufträge, wenn man so will: Pflichten erwachsen»[250]. Zum einen verkennt Herbst den Sinn des Glaubenssatzes, dass das Leben eine Gabe ist. Die Pointe des Satzes besteht gerade darin, die Gabe des Lebens «ohn alle Verdienst und Wirdigkeit» von jedem Tun des

---

247 BSLK, 510 f.

248 Vgl. Bayer, Schöpfung, 105.

249 Anselm, Leben als Gut, 106.

250 Herbst, Beitrag, 197.

Menschen unabhängig zu machen. Zum anderen – und dies ist für unseren Zusammenhang noch wesentlicher – begeht Herbst einen naturalistischen Fehlschluss: Aus der Seins-Aussage, dass das Leben eine Gabe ist, folgt keine Sollens-Aussage, keine sittliche Pflicht. Weil die sittliche Pflicht, das Leben zu erhalten, nicht aus dem Gabe-Charakter des Lebens folgt, müsste man die sittliche Pflicht zu der Gabe hinzu addieren. Statt «Das Leben ist Gabe» müsste man – und zwar von vornherein – formulieren: «Das Leben ist Gabe *und zusätzlich* gibt es eine Pflicht zu leben». Woher aber verdankt sich die Behauptung, dass das Leben Pflicht ist? Zu Recht formuliert bspw. Ulrich H. J. Körtner, dass aus dem Recht zu leben keine Pflicht zu leben folgt.[251] Die Pflicht zu leben hängt völlig in der Luft, wenn man sie nicht – fälschlicherweise – aus der Gabe ableitet. Zu bedenken wären in diesem Zusammenhang auch die Einwände von Gabe-Theoretikern wie Jacques Derrida, die argumentieren, dass eine Gabe nur dann Gabe sein kann, wenn sie nicht durch eine Gegengabe erwidert wird.[252]

Ad c: Die stärkste dogmatische Intervention gegen die Suizidassistenz hat Günter Thomas vorgelegt. Thomas tritt mit dem Anspruch auf, «in Sachen Suizidassistenz die wirklich bewegenden theologischen Gründe […] zu benennen und zu erläutern»[253]. Bereits die Formulierung ist auffällig: Offensichtlich gilt es nicht, die Facetten der Situation wahrzunehmen, die den Suizidwilligen bewegen, und die Gründe zu reflektieren, die ihn beschäftigen, vielmehr soll er durch *theologische* Gründe bewegt werden. Thomas formuliert: «Die Suizidassistenz wie der Suizidentscheid widersprechen der aufrichtenden Barmherzigkeit Gottes.»[254] Jeder Suizid sei eine Zustimmung zu dem Urteil, dieses Leben sei nicht lebenswert, sondern todeswürdig. «Jede Entscheidung für den Suizid ist ein pointiert gnadenloses Urteil, das im Vollzug zu einem vernichtenden Urteil über ein Menschenleben wird. Es ist ein Fehlurteil. Darum ist Suizid für Christen keine grundsätzlich erwägenswerte oder gar zu begrüßende Option der vor Gott verantworteten Lebensführung. Im Lichte der aufrichtenden Barmherzigkeit Gottes hat kein Mensch das Recht und die Einsicht, das Urteil ‹Nicht lebenswert, sondern todeswürdig› über sich selbst

---

251 Körtner, Beihilfe, 93.

252 Vgl. Derrida, Falschgeld, 21–41; Kearney/Derrida/Marion, Gift, 54–78. Vgl. hierzu: Peisker, Vergebung, 162–165.

253 Thomas, Barmherzigkeit Gottes, 178.

254 Ebd.

zu fällen.»[255] Diese Passage macht die Argumentationsweise einer dogmatischen Ethik sehr gut deutlich: Dass der Todeswunsch und die daraus folgende Absicht, seinem Leben ein Ende zu setzen, ein Fehlurteil ist, wird nicht durch die Analyse der Situation aufgewiesen, sondern durch Deduktionen eines dogmatischen Satzes. Der oder die Sterbewillige muss diesen einfach übernehmen, einsehen kann er oder sie ihn nicht – zumindest wird er oder sie von Thomas nicht dazu angeleitet, die eigene Situation neu und anders *zu sehen*.

Nun beinhaltet die Behauptung von Thomas eine Reihe von Folgerungen und Vergleichen, die alles andere als zwingend sind. Gegen Thomas ist zu betonen, dass es einen Unterschied macht, ob ich über das Leben eines *anderen* sage, dass sein Leben *nichts wert* sei oder ob ich mein *eigenes* Leben aufgrund von Leiden für *unerträglich* halte und daher sterben möchte. Letzteres ist kein Unwerturteil. Der Suizident sagt auch nicht, dass er sein Leben für todeswürdig hält, sondern dass er es nicht mehr ertragen kann. Sein Wunsch zu sterben impliziert daher auch nicht die Behauptung, dass andere, die in einer gleichen Lage sind oder in die gleiche Lage kommen wie er, ebenfalls sterben wollen sollen, weil ihr Leben «nicht lebenswert, sondern todeswürdig» sei. Andere bereits benannte Probleme kehren wieder: Wieso folgt aus der Barmherzigkeit Gottes, der menschliches Leben gewährt, die Pflicht zu leben? Könnte nicht ebenso mit der Barmherzigkeit Gottes die Zusage vereinbar sein, ein als unerträglich empfundenes Leben beenden zu dürfen?[256] Entscheidend ist, dass Thomas auf jede gemeinsame Wahrnehmung und Erkundung der Situation verzichtet und stattdessen den Sterbewilligen mit einem Satz und

---

255 A. a. O., 182.

256 Die Pfarrerin Gabriele Arnold wagt in ihrer Predigt für eine Frau, die sich das Leben nahm, andere Sätze, die keinesfalls weniger zur Rede von der Barmherzigkeit Gottes passen: «Aber heute wissen wir, sie war nicht zu halten. So viel Kraft und Energie, Liebe und Fürsorge sie auch aufwendeten. Die Mutter, die Ehefrau wollte sich nicht halten lassen, sie wollte gehen. Und da stehen wir Gesunden und können nur ahnen, wie tief die Qual, die Verzweiflung im Herzen der Mutter, der Ehefrau war, dass nicht einmal all die Liebe, all die Fürsorge und Mühe der Familie sie nicht abhalten konnte. Ja nicht einmal der Glaube von N. N., ja nicht einmal Gott, der ihr doch so viel bedeutete, konnte sie abhalten. Und vielleicht, liebe Familie, so wage ich tastend zu sagen, vielleicht wollte Gott sie ja gar nicht halten. Vielleicht hat Gott ja zugelassen, dass die geliebte Tochter, ihre Frau und Mutter, ihrem Leben hier ein Ende setzt. Vielleicht hat Gott das zugelassen mit weit geöffneten Armen und weit geöffnetem Herzen und hat gesagt: ‹Dann komm eben wieder nach Hause.›» (Arnold, Frau, 19).

einer Deduktion konfrontiert, der bzw. die nicht aus der Situation des Sterbewilligen erschlossen wird. Dies hat eine fatale, fast zynische Konsequenz: Dem Menschen, dem sein Leben eine Qual ist und der nur noch von dem Wunsch zu sterben erfüllt ist, hält Thomas die «Information» entgegen: Dass du dich weiter quälen musst und nicht sterben darfst, ist Konsequenz der Barmherzigkeit Gottes.

Fünf Punkte lassen sich herausstellen, die typisch für das Unternehmen sind, ethische Orientierung durch dogmatische Sätze zu gewinnen:

Erstens: In der dogmatischen Ethik werden Glaubensinhalte als Art theoretisches Wissen verstanden, als Informationen über Gott, Welt und Mensch, aus denen Ableitungen für die ethische Orientierung vorgenommen werden können.

Zweitens: In der dogmatischen Ethik werden aus dogmatischen Aussagen über Gott und den Menschen Sollens-Aussagen, sittliche Pflichten, gefolgert. Weil eine Ableitung eines Sollens aus einem Sein – wie David Hume und George Edward Moore deutlich gemacht haben[257] – prinzipiell unmöglich ist, kann es nicht überraschen, dass die Schlüsse, die uns angeboten werden, völlig beliebig und willkürlich sind und ausschließlich die subjektive Meinung dessen widerspiegeln, der die Deduktionen vornimmt. So herrscht eine rein assoziative und dadurch höchst willkürliche Gedankenführung vor, die nicht kontrollierbar ist. Es zeigt sich, dass weder der Satz «Gott ist der Herr des Lebens» noch der Satz «Das Leben ist ein Geschenk Gottes» und der Satz «Gott ist barmherzig» kontrollierte Schlussfolgerungen in ethischer Hinsicht erlauben. Das Subjekt wird damit letztlich genötigt, das Verstehen und Nachvollziehen von Argumenten durch Gehorsam gegenüber der assoziativen Deduktion eines theologischen Virtuosen zu ersetzen.

Drittens: Diese Form der Schlussfolgerungen aus einem (dogmatischen) Wissen macht Ethik nicht zu einem Gespräch zwischen gemeinsam Suchenden und Fragenden, gegenseitig voneinander Lernenden und einander Zuhörenden, sondern zwischen Wissenden, die die Unwissenden zu orientieren beanspruchen. Der Gruppe derjenigen, die Strittiges wahrnehmen und immer erneut fragen, steht die Gruppe der Wissenden und Antwortenden gegenüber, die einen über den Wahrnehmenden und Fragenden stehenden Standpunkt einnehmen, weil sie moralische Orientierung direkt aus dem von Gott geoffenbarten Evangelium ableiten.

---

257 Hume, Traktat über die menschliche Natur, 547 f; Moore, Principia Ethica, 38 f.

Viertens: In einer dogmatischen Ethik geht es um angemessene Deduktion, nicht um Wahrnehmung von Situationen und um Verstehen. Damit wird der Blick abgewendet von den strittigen Situationen und den in Bezug auf die Situation auftauchenden Fragen zu jenseits der Situation stehenden Glaubenssätzen und Behauptungen über metaphysische Tatsachen. Statt daran zu arbeiten, die strittige Situation zu analysieren, Fragen zu formulieren und Probleme zu konturieren, werden dogmatische Sätze über Gott und Welt geäußert. Eine dogmatische Ethik ist somit gezwungen, an den eigentlichen Dingen, den Dingen, auf die es ankommt, merkwürdig vorbeizusehen.

Fünftens: Die dogmatische Ethik trägt ihre Argumente mit dogmatischer Autorität vor und schneidet letztlich durch die Vorgehensweise jeden ergebnisoffenen Abwägungsdiskurs ab und erklärt die eigene Position für sakrosankt. Von daher überrascht es nicht, dass Günter Thomas Andersdenkenden unterstellen kann, dass bei ihnen «der Geist Gottes nicht weht»[258]. Die Ableitung aus geoffenbartem Wissen ist getragen von einer unerschütterlichen Gewissheit, die es verbietet, neu zu sehen, anders zu sehen, umzudenken oder die eigene Position zu relativieren oder gar zu korrigieren.

2.2 Fundamentaltheologische Erwägungen zu Glaube, Vernunft und der Vernunft des Glaubens

Es ist deutlich, dass eine dogmatische Ethik es nicht vermag, einen Beitrag in den allgemein-ethischen Diskurs einzubringen, weil sie sich nicht am gemeinsamen Austausch und gegenseitigen Prüfen von Wahrnehmungen und Denkprozessen beteiligt, sondern sich durch den Bezug auf Glaubenswissen sowohl einem ergebnisoffenen Abwägungsdiskurs als auch einer ethisch kontrollierbaren Nachprüfbarkeit ihrer Aussagen entzieht. Die dogmatische Ethik bietet somit eine solche Bezugnahme auf den Glauben, die der Verpflichtung zur vernünftigen Rechenschaft nicht nachzukommen in der Lage ist. Von daher ist die zu Beginn von Kap. 2 gestellte Frage nach einer solchen Bezugnahme auf den Glauben, die erstens einem protestantischen Verständnis des Glaubens angemessen ist und zweitens offen ist für eine rationale Argumentation und nicht zu einem unlebendigen, ideologischen Denken führt, erneut aufzugreifen. Dies impliziert erstens, nach einer protestantischen Bestimmung von Glauben und Glaubenssätzen zu fragen, zweitens eine Vernunft des Glaubens zu skizzieren, um dann drittens zu fragen, was es heißen kann, «aus der Perspektive des Glaubens» heraus zu denken, wie es nicht

---

[258] Thomas, Friendly Fire.

selten als Charakteristikum der Systematischen Theologie und der theologischen Ethik begriffen wird.

2.2.1 Glaube und Glaubenssätze

In der dogmatischen Ethik – so sahen wir – scheinen Glaubensinhalte als Art theoretisches Wissen verstanden zu werden, als Informationen über Gott, Welt und Mensch, aus denen Ableitungen vorgenommen werden können. Ist dies ein angemessenes Verständnis des Glaubens? Hat die «religiöse Aussage ‹Gott hat die Welt geschaffen› […] prinzipiell den Status des alltagssprachlichen Satzes ‹Corinna hat diesen Kuchen gebacken›»[259] oder haben religiöse Sätze nicht nur andere Kriterien zur Verifikation, sondern eine grundsätzlich andere Logik als Tatsachenbehauptungen?

Den Sachverhalt, dass religiöse Sätze nicht nur andere Kriterien zur Verifikation, sondern eine grundsätzlich andere Logik als empirische Tatsachenbehauptungen haben, hat Ludwig Wittgenstein deutlich gezeigt.[260] So macht er in seiner Vorlesung über Religion auf die Differenz zwischen religiösen und sonstigen Äußerungen aufmerksam.[261] Auch wenn religiöse Äußerungen die syntaktische Struktur von Äußerungen haben, können sie nicht im Sinne von Behauptungen über Tatsachen aufgefasst werden.[262] Sie sind weder mit Wissensaussagen noch mit Hypothesen oder Wahrscheinlichkeitsurteilen, aber auch nicht mit historischen und empirischen Sätzen zu vergleichen. Offenkundig ist Glaube falsch verstanden, wenn man ihn als «Für-wahr-Halten» versteht. Er bezieht sich nicht auf Einzelsachverhalte in der Erfahrungswelt, wie bspw. die Frage, ob Hasen Wiederkäuer sind oder nicht. Es geht in ihm aber auch nicht um einzelne Fragen zu der Erfahrungswelt als Ganzer, wie etwa der, ob die Erde in 6 Tagen oder 6 Milliarden Jahren entstanden ist. Der Glaube ist aber auch keine bestimmte Theorie über den Grund der Erfahrungswelt. So ist er nicht das Für-wahr-Halten der (kosmologischen) Aussage «Die Welt verdankt sich einem unbewegten Beweger (oder einer unverursachten Ursache)». Der Glaube ist vielmehr ein bestimmter «Lebensvollzug», *eine bestimmte Art zu leben.*

---

259 Rentsch, Gott, 11.

260 Von daher ist es durchaus angemessen, dass Friedo Ricken seine Religionsphilosophie mit Wittgenstein beginnen lässt und damit die zentrale Bedeutung von Wittgenstein für das philosophische Verstehen des Phänomens «Religion» verdeutlicht (vgl. Ricken, Religionsphilosophie, 22 f).

261 Wittgenstein, Vorlesungen.

262 Vgl. hierzu u. a. Laube, Sprache, 420–432.

Das Verständnis des Glaubens als Lebensvollzug beansprucht, in der reformatorischen Tradition zu stehen, die den fiduzialen Charakter des Glaubens betont und sich hierin von derjenigen römisch-katholischen Bestimmung des Glaubens unterscheidet, die sich im Tridentinum im bewussten Gegensatz zum protestantischen Verständnis artikuliert und in der der Glaube (in erster Linie) als Gehorsam gegenüber einer geoffenbarten Sachwahrheit verstanden wird.[263] Dass für die reformatorische Tradition der Glaube wesentlich Vertrauen (fiduzia) ist, zeigt die Synonymisierung von «Glaube» und «Vertrauen» im *Großen Katechismus*[264] und von «Glaube» im deutschen mit «fiduzia» im lateinischen Text der Confessio Augustana.[265] Der Glaube wird in der reformatorischen Tradition verstanden als eine persönliche Haltung, ein Ausgerichtetsein des ganzen Menschen. So bezeichnet Luther im *Großen Katechismus* den Glauben als eine «Zuversicht des Herzens»[266], die sich auf Christus richtet. Wenn Luther formuliert: «Der glawb hanget alleyn dem wort blos und lautter an, wendet die augen nicht darvon, sihet keyn ander ding an»[267], dann ist deutlich, dass Glaube als ein Lebensvollzug verstanden wird, als eine das Leben – in all seinen Dimensionen – bestimmende Bewegung des ganzen Menschen. Unüberbietbar deutlich wird dies in Luthers Auslegung des Ersten Gebots im *Großen Katechismus:* «Also daß ein Gott haben nichts anders ist, denn ihn vom Herzen trauen und gläuben, wie ich oft gesagt habe, daß alleine das Trauen und Gläuben des Herzens machet beide Gott und Abgott. Ist der Glaube und Vertrauen recht, so ist auch Dein Gott recht, und wiederümb, wo das Vertrauen falsch und unrecht ist, da ist auch der rechte Gott nicht. Denn die zwei gehören zuhaufe [gemeint: zusammen], Glaube und Gott. Worauf du nu (sage ich) Dein Herz hängest und verlässest, das ist eigentlich Dein Gott»[268]. So versteht Luther den Glauben als Vertrauen auf Gottes Zusage «Ich bin der Herr, dein Gott!» und er legt diese Zusage so aus: «ICH, ich will dir gnug geben und aus aller Not helfen, laß nur Dein Herz an keinem andern hangen noch rugen [gemeint: ruhen]»[269]. Die angemessene Antwort auf eine solche Zusage ist nicht, sie zu «wissen», sie «anzuerkennen» oder «für wahr zu halten», sondern im Modus des Vertrauens im eigenen

263 Vgl. Roth, Evidenz, 209–211; Roth, Fundamentaltheologie, 107–110; Goltz, Gewissheit, 65–75.

264 BSLK, 560.

265 A. a. O., 53.

266 A. a. O., 560.

267 WA 10/III, 423, 20 f.

268 BSLK, 560.

269 Ebd.

Leben wirksam werden zu lassen, kurz: Die angemessene Antwort auf Gottes Zusage ist die vertrauensvolle Hinwendung des ganzen Menschen, oder eben: Glaube.

Wenn wir den Glauben als eine Lebensbewegung verstehen, eine gelebte Wahrheit, dann ist damit nicht bestritten, dass er auch in Gesagtem und Gedachtem (in konstatierenden Sätzen) zum Ausdruck gebracht wird (zur *behaupteten* Wahrheit wird), allerdings darf dieses Gesagte und Gedachte nicht mit dem Glauben selbst verwechselt werden, sondern ist als Versuch seiner Darstellungsweise zu begreifen.[270] Daher ist die behauptete Wahrheit (Inhalte des Glaubens) immer wieder auf die gelebte Vertrauensbewegung hin, die der Glaube ist, durchsichtig zu machen. Gerade hier ist vor einem entscheidenden (Selbst-)Missverständnis des Glaubens zu warnen: Wenn sich der Glaube artikuliert, indem er Glaubens*inhalte* zur Sprache bringt, dann beansprucht er damit keineswegs (quasi in einem zweiten Schritt), ein theoretisches Wissen über die Welt und Gott zu produzieren. Dies hat vor allem Notger Slenczka in seinen Arbeiten eingeschärft. Der Glaube – so Slenczka – würde «sich und seine Inhalte missversteh[en], sobald er der Meinung ist, sein Reden sei rein gegenständliches Reden ‹über› die Inhalte, sei also von der Rede über sich selbst zu isolieren»[271]. Er informiert in diesen Inhalten nicht über einzelne Sachverhalte der Erfahrungswelt oder die Erfahrungswelt als Ganze, sondern in diesen Inhalten geht es um die Frage: «Wer bin ich?»[272]. Die christlich-religiöse Rede versucht in unterschiedlicher Weise die Antwort auf die Frage zum Ausdruck zu bringen und bedient sich dazu konstatierender Sprache. Diese Inhalte des Glaubens bringen zum Ausdruck, «wie ein Mensch sich und sein Leben versteht und deutet»[273]. Die konstatierenden Sätze, in denen sich der Glaube artikuliert, haben nicht die Aufgabe, die Welt in einer bestimmten Hinsicht zu charakterisieren, sondern in diesen Sätzen lokalisieren wir uns in der Welt, sie haben daher keine semantisch-deskriptive, sondern eine pragmatisch-performative Funktion. So ist Notger Slenczka zuzustimmen, wenn er darauf verweist, «dass die gegenständlichen Aussagen des christlichen Glaubens erst dann verstanden sind, wenn ihr existenzieller Sinn so begriffen ist, dass er nachvollziehbar ist; wenn also begriffen ist, was mit diesen Inhalten über den menschlichen Lebensvollzug und die Art und Weise gesagt ist, in der ein Mensch sein Leben deutet und führt; und umgekehrt: Es legt sich die

---

270 Vgl. Petzoldt, Wahrheit, 39.

271 Slenczka, Tod Gottes, 11.

272 Vgl. Bayer, Gott als Autor, 21–40.

273 Slenczka, Tod Gottes, 9.

Vermutung nahe, dass die menschliche Existenz erst dann richtig begriffen ist, wenn der Mensch die Inhalte des Glaubens mitspricht. Die gegenständlichen Aussagen des Glaubens sind Deutung des menschlichen Lebensvollzugs und Eröffnung eines Selbstverständnisses. Sie sind nur dies»[274]. Das gilt nach Slenczka auch für die Feststellung des Glaubensinhaltes in Glaubensbekenntnissen. «Im Glaubensbekenntnis spricht der christliche Glaube *sich über Inhalte* aus: Er spricht über Inhalte (Gott, Christus, die Schöpfung, die Erlösung) – und dies ist die einzige Möglichkeit, über sich selbst zu reden, sich selbst zu deuten. Und er spricht über sich selbst, deutet sich selbst – und kann das nur, indem er über jene Inhalte spricht. Er spricht *über Inhalte* (i. e. durch das Medium von Inhalten) *über sich selbst.* Nicht beides nebeneinander, sondern das eine durch das andere und nie ohne das andere»[275]. Im Blick auf die Produktion von ethischem Wissen können wir festhalten: Insofern es sich bei Glaubensaussagen nicht um Wissen hinsichtlich von Tatsachen handelt, kann aus ihnen auch nichts deduziert und so (in einem zweiten Schritt) ethisches Wissen generiert werden.

2.2.2 Vernunft und Vernunft des Glaubens

Wir sprechen heute nicht mehr von «der» Vernunft als einem großen Subjekt, das sich als Garant unserer Weltorientierung in der Geschichte durchsetzt, sondern von unterschiedlichen Rationalitäten.[276] Der Vernunftbegriff wird nicht mehr substanziell, sondern dispositional verwendet, Vernunft ist eine Funktion.[277] In ihrem funktionalen Verständnis ist die Vernunft eine Funktion von etwas, was nicht selbst schon Vernunft ist. Zu erinnern ist an Arthur Schopenhauer, der an der Dezentrierung der Vernunft seinen Anteil hatte, insofern er die Vernunft als bloßes Epiphänomen des Willens bestimmt hat.[278] Dieser Primat des Lebens gegenüber dem Geist wird auch von Friedrich Nietzsche geteilt. Vor allem aber die – auch von Nietzsche erkannte – Sprachlichkeit der Vernunft verbietet es, von *der* Vernunft zu sprechen.[279] Vernunft ist abhängig von der Sprache und Sprache gibt es nicht nur als eine einzige Sprache, als Universalsprache. Vielmehr ist Sprache nur gegenwärtig in *verschiedenen* Sprachen. Von daher können wir formulieren: «Vernunft» ist immer

---

274 A. a. O., 10.

275 A. a. O., 10 f.

276 Vgl. Apel/Kettner, Vernunft.

277 Vgl. Schnädelbach, Vernunft, 120–141.

278 Vgl. Schopenhauer, Welt, bes. 686–703.

279 Vgl. Nietzsche, Wahrheit, 886–890.

«Vernunft von ...»: Vernunft eines Menschen, eines Systems, eines Prozesses, einer Institution etc.[280] Vernunft ist stets situierte Vernunft. «Sie ist eingebettet in die leiblichen [...] Vollzüge menschlichen Lebens (leiblich situiert), und sie ist zusammen mit diesen eingebunden in konkrete Situationen und den Wechsel von Lebenssituationen in Interaktion mit wechselnden Umwelten»[281].

Diesem funktionalen Verständnis der Vernunft hat bereits die Reformation vorgearbeitet. Es ist ein hartnäckiges Missverständnis, wenn von Luthers «Schmähung der Vernunft» und seiner «anknüpfungs- und vermittlungsfeindlichen Gnadenlehre»[282] gesprochen und damit dem Vorurteil Vorschub geleistet wird, dass Vernunft und Glaube im Protestantismus Antipoden seien. Benedikt XVI. meinte dieses Vorurteil in seiner Regensburger Rede vom 12. September 2006 erneuern zu müssen.[283] Er macht damit dem Protestantismus denselben Vorwurf, den er (freilich durch den Mund des byzantinischen Kaisers Manuel) den Anhängern Mohammeds macht: das Auseinanderreißen von Vernunft und Religion.[284] Wenn es diese Tendenzen auch bspw. innerhalb des evangelikalen Protestantismus gibt,[285] so gilt für den in der Tradition Luthers stehenden Protestantismus, dass hier eine von bestimmten Richtungen des römischen Katholizismus unterschiedene Verhältnisbestimmung von Glaube und Vernunft vorliegt. In der Konstitution «Dei Filius» des 1. Vatikanums ist der Mensch verpflichtet, «dem offenbarenden

---

280 Vgl. Dalferth, Fundamentaltheologie, 172.

281 Dalferth, Glaubensvernunft, 619.

282 Flasch, Mobilmachung, 71.

283 Vgl. die bei der Deutschen Bischofskonferenz beziehbaren «Verlautbarungen des Apostolischen Stuhls, Nr. 174».

284 «Die Folge im einen, im islamischen Fall, so legt der Redetext nahe, sei das Schwert, mit dem der vermeintlich rechte Glaube verteidigt werde; im anderen Fall sei es der Subjektivismus des Gewissens, die ‹Beliebigkeit› des individuellen Gottesverhältnisses, die dem Relativismus des modernen Lebens kaum noch etwas – jedenfalls keine ‹gemeinschaftsbildende Kraft› mehr – entgegenzusetzen habe. Protestantismus und Islamismus als zwei Seiten derselben Medaille? Das wäre wohl eine Zuspitzung des Gedankens, aber es wäre noch derselbe Gedanke» (Wenzel, Glaube, 13).

285 So formuliert etwa der aus der Landeskirche ausgetretene Hans Apel: Die Bibel «ist nicht dem kritischen, forschenden Verstand des Menschen ausgesetzt. Der menschliche Verstand ist der biblischen Aussage unterworfen und nicht umgekehrt» (Apel, Volkskirche, 77). Der Glaube wird hier gegen die Vernunft ausgespielt, die Bibel wird nicht Gegenstand des vernünftigen Verstehens, sondern des auf Vernunft verzichtenden Gehorsams.

Gott im Glauben vollen Gehorsam des Verstandes und des Willens zu leisten»[286]. Dieser Glaube ist eine «übernatürliche Tugend, durch die wir mit Unterstützung und Hilfe der Gnade Gottes glauben, daß das von ihm Geoffenbarte wahr ist»[287], er gründet sich nicht auf Evidenz, sondern auf Autorität: Wir glauben – so formuliert das Dekret ausdrücklich – «nicht (etwa) wegen der vom natürlichen Licht der Vernunft durchschauten inneren Wahrheit der Dinge, sondern wegen der Autorität des offenbarenden Gottes selbst, der weder sich täuschen noch täuschen kann»[288]. Das Dekret unterscheidet somit zwischen einem Verstehen und Einsehen der Vernunft einerseits und dem Glauben als Akt des Gehorsams andererseits. Beide Bereiche stehen jedoch gemäß dem 1. Vatikanum nicht in Spannung zueinander, sondern werden in Form einer Stufung aufeinander bezogen, insofern der Vernunft die Fähigkeit zugeschrieben wird, Grundlagen zu erkennen, auf die der Glaube aufbaut, und die bereitgestellten Beweise einsichtig zu machen, die den Glauben stützen. So wird zum einen betont, dass auch die Vernunft gewisse Geheimnisse Gottes zu erkennen vermag,[289] die Offenbarung jedoch über die Vernunft hinaus etwas biete, was nicht erkannt werden könne, wenn es nicht offenbart wäre.[290] Damit wird in der einen Ordnung mithilfe der natürlichen Vernunft, in der anderen Ordnung mithilfe der göttlichen Gnade erkannt, d. h. es gibt eine begrenzte natürliche Gotteserkenntnis (durch die Vernunft) und eine weiterreichende, das menschliche Erkenntnisvermögen übersteigende Gotteserkenntnis (durch die Gnade). Damit bietet die Vernunft die «Grundlagen»[291] für die Offenbarung. Über diese Grundlagen hinaus wird die Offenbarungswahrheit durch die Vernunft in der Weise unterstützt, «daß [...] äußere Beweise seiner [Gottes] Offenbarung verbunden werden, nämlich göttliche Taten und vor allem Wunder und Weissagungen, die, da sie Gottes Allmacht und unendliches Wissen klar und deutlich zeigen, ganz sichere und dem Erkenntnisvermögen aller angepasste Zeichen der göttlichen Offenbarung sind»[292]. Auch wenn das 2. Vatikanische Konzil in seiner Konstitution

---

286 DS 3008.

287 Ebd.

288 Ebd.

289 Vgl. DS 3016.

290 Vgl. DS 3015.

291 DS 3019.

292 DS 3009. – So formuliert Seils, Glaube, 430: «Auch wenn – so muß man schließen und so ist geschlossen worden – die innere Offenbarungswahrheit von der Vernunft nicht durchschaut werden kann, sondern auf die Autorität Gottes hin als wahr angenommen werden muß, so ist sie doch von der Vernunft aufgrund

«Dei verbum» gegen ein instruktionstheoretisch verkürzendes Verständnis von «Dei Filius» die Offenbarung Gottes in Christus als seine Selbstoffenbarung betont, in der der göttliche Urheber nicht eine übernatürliche Wahrheit, sondern sich selbst als Person seinem Wesen nach offenbart hat,[293] so wird der Glaube auch im 2. Vatikanischen Konzil in Aufnahme von «Dei Filius» als voller «Gehorsam des Verstandes und des Willens»[294] bestimmt, in dem der Mensch sich «Gott frei anvertraut»[295] und «der von ihm gegebenen Offenbarung freiwillig zustimmt»[296].

Gerade von derjenigen römisch-katholischen Bestimmung des Glaubens, die uns im 1. Vatikanum entgegentritt, unterscheidet sich die protestantische Theologie: Für Luther ist der Glaube kein Gehorsam (der nachträglich vor dem Forum der Vernunft legitimiert werden kann), sondern verdankt sich dem Verstehen. Konsequenterweise lehnt daher Luther das Augustin-Wort «Ego evangelio non crederem, nisi me catholicae ecclesiae commoveret auctoritas» ab, «[d]enn das wer falsch und unchristlich. Es muß eyn iglicher alleyn darumb glawben, das es gottis wort ist und das er ynnwendig befinde, das es warheyt sey»[297]. Nach Luther glaubt der Mensch nicht auf Autorität hin, etwa weil er sich einer Autorität «blind» unterwirft, sondern der Mensch «fühlt», dass das Wort wahr ist:[298] So kann Luther formulieren, dass nicht einmal die Person und Wundertaten Jesu Grund des Glaubens sind, sondern «[d]as wortt fur sich selbs, on alles auffsehen der Person, muß dem hertzen gnugthun, den menschen beschliessen, und begreyffen, das er gleych drynn gefangen fulet, whie wahr und recht es sey, wenn gleych alle wellt, alle engel, alle fursten der hell anderß sagten, ya, wenn gott selb anderß sagt»[299]. Damit wendet sich Luther nicht nur gegen einen Glauben, der aufgrund der Autorität

---

äußerer Zeichen als vernunftentsprechend wahrnehmbar und nachweisbar». Ganz in Übereinstimmung mit dieser Bestimmung des Wesens und der Konstitution des Glaubens erörtert die katholische Fundamentaltheologie die Grundlagen und die äußeren Beweise für die Offenbarung durch den Nachweis einer in der Vernunft angelegten Gotteserkenntnis.

293 Vgl. bes. DS 4202.

294 DS 4205.

295 Ebd.

296 Ebd. Vgl. hierzu Goltz, Gewissheit, 82–92. Goltz kommt zu dem kritischen Fazit, dass auch im 2. Vatikanum der Glaube «eine freie Zustimmung des Menschen aus Gehorsam» (a. a. O., 91) bleibt.

297 WA 10 II, 90, 8.

298 Vgl. WA 10 I, 130,1–7.

299 WA 10 I, 130, 14–18.

der Kirche glaubt, sondern er lehnt die Gründung des Glaubens auf Autorität grundsätzlich ab. Fundament des Glaubens ist das Erlebnis der Evidenz des Wortes vom Evangelium: «Darumb das wort das mich got lert, da laß ich mich nit von dringen, als wenn man spricht: drei und zwey machen fuenffe, das ist gewiß und offentlich, Wenn alle Concilia anders beschluessen, so weiß ich dennocht das sie liegen. Ein eele ist lenger denn ein halbe, ob schon alle welt dawider were, so weiß ich dennocht das unrecht ist. Wer beschleußt mir das? kein mensch, sondern die warheyt, die gantz und gar gewiß ist»[300].

Luther ersetzt die römisch-katholische Fundamentalunterscheidung zwischen Natur und Übernatur durch die Fundamentalunterscheidung von Sünde und Glaube, in die die Vernunft eingeordnet wird. Die Vernunft – so kann Luther in seiner *Disputatio de homine* sagen – ist *das* Hauptunterscheidungskriterium zwischen Mensch und Tier.[301] Doch auch diese Gabe unterliegt nach Luther der Möglichkeit, durch die Sünde gefangen genommen zu sein.[302] Die Vernunft ist unter den Bedingungen der Sünde nämlich keinesfalls unversehrt geblieben,[303] sondern verkehrt; die Vernunft richtet sich unter den Bedingungen der Sünde daher nicht einmal in einer verborgenen Tiefe auf das Beste,[304] sondern ist in ihrer Tiefe von einem Abgott beherrscht. Aufgrund dieser Tatsache kann Luther die Vernunft als «die hochste hur»[305] bezeichnen. Die Sünde ist somit für Luther eine Macht, die auch die hervorragendsten Eigenschaften des Menschen gefangen nimmt und verkehrt. Wenn Luther daher behauptet: «Ratio non potest ad invisibilia se transferre»[306], dann gilt dies, weil die Vernunft der sündigen Verblendung unterworfen ist. Ist die Vernunft unter der Macht der Sünde verblendet, so wird nach Luther die Vernunft durch das Wort wiedergeboren: Die Vernunft wird keinesfalls zerstört, aber auch nicht erhöht, sondern bekehrt und erleuchtet, sodass sie nun Werkzeug des Heiligen Geistes ist.[307] Damit wird von Luther die Unterscheidung zwischen einem höheren und niederen Seelenvermögen zerbrochen durch die Unterscheidung zwischen der Bestimmtheit des menschlichen Seelenvermögens durch Gott (im Glauben) oder durch einen Abgott (in der Sünde). Luther hat die Vernunft nicht als neutrale Instanz bestimmt, sondern als ein Vermö-

---

300 WA 10 III, 260, 22–261,5.

301 Vgl. WA 39/1, 175, 14 f.

302 Vgl. WA 39/1, 176, 14 f.

303 Vgl. WA 39/1, 176, 15–17.

304 Vgl. WA/1, 176, 25 f.

305 WA 51, 126, 9.

306 WA 40 III, 51, 8.

307 Vgl. WA.TR 3 Nr. 2938.

gen, das von unterschiedlichen Lebensbewegungen in Dienst genommen werden kann, vom Glauben und von der Sünde. Es wird somit nicht unterschieden zwischen einer durch die Vernunft gewirkten Evidenz und einem auf Autorität verpflichteten Gehorsam; Luther leitet stattdessen an, zwischen einer Vernunft im Horizont des Glaubens und einer Vernunft im Horizont des Unglaubens zu unterscheiden. Insofern besitzt protestantische Theologie von Hause aus ein kritisches Potenzial gegen die Rede von *der* Vernunft. Von hier aus ist Dalferth zuzustimmen, wenn er die philosophische Einsicht in die unterschiedlichen Rationalitäten von Systemen, Prozessen, Institutionen etc. mit der theologischen Einsicht der Unterscheidung zwischen einer «Vernunft des Glaubens» und einer «Vernunft des Unglaubens»[308] parallelisiert.

2.2.3 Vernunft des Glaubens und Vernunft des Glaubenden: Was heißt Denken «aus der Perspektive des Glaubens»?

Dass die Theologie sich der «Vernunft des Glaubens» bedient bzw. – so die geläufigere Formulierung – aus der «Innenperspektive des Glaubens» argumentiert, ist eine durchaus prominent anzutreffende Vorstellung. So wird in Debatten um die Verhältnisbestimmung von Theologie und Religionswissenschaft mit der Unterscheidung von Innenperspektive und Außenperspektive gearbeitet:[309] Während Religionswissenschaft aus der weltanschaulich-religiös «neutralen» Außenperspektive arbeite, sei die religiös-konfessionelle Innenperspektive des Glaubens das Geschäft der Theologie.[310] Prominent ist diese Unterscheidung in der Dogmatik von Wilfried Härle vorgetragen: «Mit dem christlichen Glauben beschäftigt sich nicht nur die Theologie, sondern z. B. auch die Religionswissenschaft in ihren verschiedenen Ausprägungen als Religionsphänomenologie, Religionssoziologie, Religionspsychologie und Religionsphilosophie einschließlich der Religionskritik. Während die Religionswissenschaft sich mit dem christlichen Glauben bewußt aus einer Außenperspektive befaßt, arbeitet die Theologie ebenso bewußt aus der Innenperspektive heraus»[311]. Theologie arbeite – so Härle – «aus der Perspektive

---

308 Dalferth, Fundamentaltheologie, 172.

309 Nagel, Religionswissenschaft, 348.

310 Franke, Spezialisierung, 35.

311 Härle, Dogmatik, 9. Dabei betont Härle freilich, dass beide Perspektiven aufeinander bezogen sind. Beide – so Härle – haben «ihre spezifische Aufgabe» zu erfüllen, ohne die Bereitschaft zur Kommunikation miteinander zu vernachlässigen (a. a. O., 10).

des Glaubens heraus»[312]. Nun hat die Rede von der Perspektive des Glaubens natürlich ihre (beschränkte) Berechtigung (s. o.), allerdings ist sie mit noch größeren Schwierigkeiten behaftet; denn der Versuch, aus der «Innenperspektive des Glaubens» zu argumentieren, scheint zu einer gewissen Sterilität und Künstlichkeit des Denkens zu führen. Dies lässt sich gut bei Studierenden beobachten, die sich bemühen, aus der Perspektive des Glaubens zu argumentieren. Das eigene Denken, die eigene Erfahrung und die eigene Deutung scheinen aus dieser Perspektive ausgeklammert zugunsten einer fremd wirkenden Perspektive, die nicht dazu geeignet zu sein scheint, das eigene Denken und die eigenen Fragestellungen zu integrieren – und in der daher auch nicht überzeugend argumentiert werden kann. Man hat das Gefühl, dass das eigene Denken zugunsten eines abstrakten Gedankenspiels aufgegeben wird. Dieses Phänomen ist aus dem schulischen Unterricht als «Religionsstunden-Ich»[313] bekannt: Der Schüler oder die Schülerin argumentiert im Religionsunterricht von einem Standpunkt aus, der sich erheblich von dem unterscheidet, wie er oder sie sonst argumentiert und die Welt betrachtet. Die Schülerin oder der Schüler gibt nicht wieder, wie sie oder er die Welt sieht und über die Probleme der Welt denkt, sondern wie man die Welt wohl sehen und denken müsste, wenn man denn Christin bzw. Christ wäre. Nicht selten wirken die Gespräche «aus der Perspektive des Glaubens» steril und unlebendig: Nicht «ich denke» oder «ich verstehe aus diesem oder jenem Grund», sondern «aus der Perspektive XY geurteilt, gilt dieses oder jenes», bzw. «muss dieses oder jenes gelten ...» Von daher ist zu fragen, was es eigentlich heißt, «aus der Perspektive des Glaubens» bzw. mithilfe der «Vernunft des Glaubens» zu denken und warum diese Perspektive so künstlich erscheint.

Die Ursache für diese Künstlichkeit einer solchen Form des Wahrnehmens, Denkens und Urteilens liegt offensichtlich darin, dass – anders als im lebensweltlichen Umgang mit den Dingen – von einem bestimmten Verständnis der Wirklichkeit im Ganzen intentional ausgegangen wird und von hier aus argumentiert und Einzelsachverhalte der Erfahrungswelt deduziert werden. Wohlgemerkt: Kennzeichen dieses künstlichen Zugriffs auf die Welt ist nicht, die Welt von einem bestimmten Standort aus wahrzunehmen, zu verstehen und zu denken – dies tut jeder. Keine und keiner kann ihren und seinen Standort verlassen. Es macht aber einen erheblichen Unterschied, ob man davon ausgeht, dass jedes menschliche Wahrnehmen, Erkennen und Verstehen von Einzelsachverhalten der Erfahrungswirklichkeit perspektivisch ist,

---

312 Ebd.

313 Vgl. Roth, Religionsstunden-Ich; Roth, Art. Religionsstunden-Ich.

oder ob man behauptet, dass jeweils aus einer bestimmten Perspektive gefolgert wird, wie die Einzelsachverhalte der Erfahrungswelt zu verstehen sind. Wir sehen unseren Standort nicht, sondern unser Standort lässt uns dieses und jenes sehen. Um es an einem zugegebenermaßen trivialen Beispiel zu verdeutlichen: Wenn wir bspw. auf einem Hügel stehen, beschreiben wir, was wir sehen. Wir gehen nicht so vor, dass wir ableiten, was jemand sehen würde, der auf diesem Hügel steht. Dies macht in der Regel nur jemand, der eben nicht auf dem betreffenden Hügel steht, und deshalb ist das, was er aus seiner Vorstellung von «auf dem Hügel stehen» ableitet, hypothetisch, künstlich und völlig farblos – wie bei einem schlechten Roman, in dem die Figuren konstruiert und unlebendig sind, weil der Autor nicht in der Lage ist, aus den Augen seiner Figuren zu sehen und deshalb auch den Leser nichts sehen lassen kann. Wenn wir angeben, was wir sehen und wie wir denken, geben wir nicht an, was uns sehen lässt und was uns in einer bestimmten Weise denken lässt. Natürlich bestimmt die Tatsache, dass Herbert ein weißer Mann von 65 Jahren mit Universitätsabschluss ist, auch seine Ansichten, aber er äußert im Diskurs seine Ansichten, die er vor sich hat, und nicht das, was macht, dass seine Ansicht seine Ansicht geworden ist. Das, was seine Ansichten zu seinen Ansichten macht und seinen Gründen den Charakter des Grundseins verleiht, hat er gar nicht «vor sich». Vor sich hat er – wie gesagt – was er sieht und was er denkt. In den meisten Fällen wissen wir gar nicht, was es ist, was uns in einer bestimmten Weise sehen und denken lässt, oftmals machen uns erst andere darauf aufmerksam, sodass uns dann etwas über uns selbst klar wird.[314]

Ein weiterer Punkt ist zu bedenken: Wir befinden uns in ganz unterschiedlichen Verstehens- und Kommunikationszusammenhängen und diese unterschiedlichen Verstehens- und Kommunikationszusammenhänge sind bereits vorhanden, wir konstituieren sie nicht allererst. So bewegen wir uns mit anderen keineswegs in einem einzigen, sondern in pluriformen, nicht vorschnell reduzierbaren Referenzrahmen mit ganz eigenen Perspektiven, die jeweils vorherrschen.[315] Diese bilden keinen stimmigen Einklang einer widerspruchsfreien Totaldeutung der Wirklichkeit. Die Phänomene des Daseins

---

314 Vgl. Roth, Raum.

315 Wenn Eilert Herms die fundamentalanthropologische These vertritt, dass es für den Menschen wesentlich ist, d. h. zur Verfassung seiner personalen Existenz gehört, «dass alle denkbaren bestimmten Gestalten seines jeweiligen individuellen Personseins ihren konkreten Charakter gewinnen durch eine grundlegende Gewißheitserfahrung» (Herms, Luthers Auslegung, 66), so lässt sich dieses monoperspektivische Verständnis m. E. phänomenologisch nicht ausweisen.

sind uns in unterschiedlichen Verstehensbewegungen gegeben. Wir besitzen keinen einheitlichen transzendental-kategorialen Rahmen, in den wir die einzelnen uns begegnenden Phänomene der Lebenswirklichkeit einordnen könnten. Gerade weil wir uns nicht in einem einzigen, sondern in pluriformen, nicht vorschnell reduzierbaren Referenzrahmen bewegen, wäre ein Vorgehen unangemessen, bei dem ein Verständnis *der* Wirklichkeit transzendental-kategorial entfaltet wird und die unterschiedlichen Phänomene der Lebenswirklichkeit hier eingeordnet werden; denn hierdurch würden wir die gelebten lebensweltlichen Vernetzungen durchtrennen und uns aus den unterschiedlichen Verstehenszusammenhängen und dem Gegebensein der Phänomene zugunsten eines toten Systems herauslösen. Wir verstehen unser Leben und die Welt nicht, indem wir uns fragen, wie wir die einzelnen in unseren Blick kommenden Dinge von unserem einen Referenzrahmen her verstehen müssten, um so zu einem in sich stimmigen, widerspruchsfreien System zu kommen. Vielmehr verstehen wir die Welt aufgrund bereits vorhandener, in Spannung zueinander stehender Verstehenszusammenhänge und Referenzrahmen, die wir unterschiedlich verknüpfen und kombinieren.[316] Wir ersetzen somit die unterschiedlichen Verstehenszusammenhänge nicht durch eine Totaldeutung der Wirklichkeit, die uns letztlich aus allen bisherigen Verstehenszusammenhängen herauskatapultieren würde. In der Tat scheint es Menschen zu geben, die in dieser Weise vorgehen. In der Regel kommen sie uns starr und unlebendig vor, weil das, was sie über die Welt sagen, sich gegen das eigene – viel differenziertere – Erleben der Welt behaupten muss. Insofern ist das Denken solcher Menschen ein totes Denken, weil es sich mit dem eigenen Leben und dem Gegebensein der Phänomene in unterschiedlichen Verstehensbewegungen nicht deckt. Unsere Überlegungen dürften deutlich gemacht haben, dass eine als Etablierung eines einheitlichen Referenzrahmens verstandene theologische Perspektive auf die Dinge unserem verstehenden Umgang mit ihnen fremd bleibt, weil wir uns eben nicht in einem einheitlichen Referenzrahmen bewegen, von dem wir Deduktionen vornehmen.

Wenn von der «Vernunft des Glaubens» bzw. der «Perspektive des Glaubens» gesprochen wird, darf eine weitere wesentliche Unterscheidung nicht außer Acht gelassen werden, deren Nichtbeachtung dazu führt, dass in einer überhöhten Weise von der christlichen Existenz gesprochen wird: die Unterscheidung zwischen dem Glauben und dem Glaubenden. Wir leben nicht im *lumen gloriae* (Licht der Herrlichkeit), der Glaubende ist *simul iustus et peccator* (gerecht und Sünder zugleich), als Sünder immer zugleich auch Nicht-Glau-

---

316 Vgl. hierzu Dalferth, Evangelische Theologie.

bender, d. h. jemand, der die Welt nicht aus der Perspektive des Glaubens sieht, sondern ängstlich auf sich blickt. Wenn die theologische Reflexion es nicht vermeidet, so zu verfahren, als würden wir im *lumen gloriae* leben, besteht m. E. die Gefahr, dass die Deutung der Wirklichkeit aus der Perspektive des unangefochtenen Glaubens dem angefochtenen Glaubenden und seinem verstehenden und deutenden Umgang mit der Welt fremd gegenübersteht und äußerlich bleibt.[317] Innenperspektive und Außenperspektive des Glaubens sind nicht bloß deshalb aufeinander zu beziehen, weil die Innenperspektive und die Außenperspektive des Glaubens Perspektiven auf dieselbe Wirklichkeit sind,[318] sondern weil Innen- und Außenperspektive beides Perspektiven desselben Glaubenden sind[319]. Die Außenperspektive betrifft nicht nur die anderen, die etwas aus unserer Innenperspektive gezeigt bekommen müssen,[320] sondern sie bildet immer auch unser *eigenes* Erleben und Denken ab. Dies macht auch die Unterscheidung zwischen einer Dogmatik für ein internes Forum und einer Dogmatik für ein externes Forum äußerst schwierig; denn wir gehören als *totus peccator* beiden Foren an.[321] Gerade daher redet die Theologie von der Sünde, weil es für die reale Situation des Menschen vor Gott zutrifft, dass alle Menschen leben *etsi deus non daretur*. Es ist der «krume […] geyst», «der yn allen Dingen sich ynn sich selbst boget, das seyne

---

317 Hierzu ausführlich Roth, Vernunft.

318 Herms, Phänomene, XI.

319 Daher ist unbedingt Walter Sparn zuzustimmen, wenn er formuliert, dass die «Unterscheidung zwischen Binnen- und Außenperspektive […] keine Wahl zwischen Brillen, sondern eine intentionale Unterscheidung [ist]» (Sparn, Theologie, 99). Dabei hält Sparn fest, dass «auch die Intention, eine theologische Binnensicht einzunehmen, […] nur asymptotisch realisierbar [ist]» (ebd.).

320 Dies scheint für Herms der entscheidende Fall zu sein. Nach Herms präsentiert sich die Innensicht des Glaubens als das «Aufmerksamgemachtwordensein auf Aspekte des Daseins, das er mit allen Menschen teilt» (Herms, Phänomene, XI). Diese «reichere Sicht der gemeinsamen Lebensgegenwart» der Außensicht zu kommunizieren, ist der Glaube nach Herms «befähigt und unabweisbar verpflichtet» (Herms, Phänomene, XIII). In welchem Modus aber verläuft diese Kommunikation? Herms fragt: «[I]st Streit angezeigt, um Weggefährten auf von ihnen noch nicht entdeckte Eigenarten der gemeinsam durchwanderten Landschaft aufmerksam zu machen?» Streit vermindere die Chancen im Gespräch um die Wahrnehmung von Phänomenen. Die nötige Offenheit und Gelassenheit zu erreichen, verlange «Geduld und das Ausharren bei der Beschreibung der an sich sichtbaren Phänomene». Angemessen sei daher der «Gestus des Bezeugens, des Hinweisens und Zeigens» (a. a. O., XIV).

321 Vgl. hierzu auch: Roth, Ethische Theologie, 129–241.

suchet»[322], der auch den Glaubenden in seinem verstehenden Umgang mit der Welt immer schon bestimmt und prägt.

Ich fasse zusammen: Das Vorgehen, aus «theologischer Perspektive» ein Verständnis der Wirklichkeit transzendental-kategorial zu entfalten und die unterschiedlichen Phänomene der Lebenswirklichkeit hier einzuordnen, bleibt dem Glaubenden aus dem Grunde äußerlich, weil es die gelebten lebensweltlichen Vernetzungen durchtrennt, die uns keineswegs immer schon im Glauben gegeben sind. Diese Rede «aus der Perspektive des Glaubens» führt m. E. letztlich zu dem Phänomen, das ich eingangs beschrieben habe: zu einer (durch ein bestimmtes Setting veranlassten) Rede, die vorträgt, was aus einer bestimmten Perspektive geurteilt «gilt», die aber aus dem Grunde steril und unlebendig ist, weil sie sich mit dem im Leben gegebenen, verstehenden Umgang mit den Phänomenen nicht deckt, der gerade diese Monoperspektivität nicht aufweist. Dies hat auch die theologische Ethik zu bedenken.

2.3 Theologische Ethik als Ethik aus theologischer Perspektive?

Wie verfährt nun eine theologische Ethik? Die Philosophin Annemarie Piper formuliert: «Ethik und Theologie sind […] durch ihr Interesse an einer normativen Begründung moralischen Handelns miteinander verbunden; im Unterschied zur Theologie bezieht sich die Ethik jedoch nicht auf einen göttlichen Willen, sondern auf den vernünftigen Willen des Menschen, der sich in autonomer Selbstverfügung im Verbund mit anderen Menschen dazu bestimmt, er selbst zu sein»[323]. Damit wäre in der Tat der Adressatenkreis der Theologie und der ihrer ethischen Reflexion beschränkt: Die philosophische Ethik würde sich an jeden richten, der denkt, die theologische Ethik nur an den, der glaubt und darüber hinaus ethische Fragen nicht mithilfe der Vernunft und damit durch sein eigenes Nachdenken beantworten will, sondern durch Bezugnahme auf seine Glaubenstradition, um so seine Verantwortung an eine Autorität zu delegieren. Wilfried Härle kritisiert, dass «von vielen philosophischen, aber auch von manchen theologischen Ethikern die Auffassung vertreten [wird], um der Allgemeinheit der Ethik willen könne, dürfe und müsse es gar keine christliche Ethik mit ihren besonderen Voraussetzungen geben. Das Ethische ergebe sich nicht aus dem christlichen Glauben, sondern aus dem allgemein Menschlichen, wie es grundsätzlich

322 WA 1, 173, 2 f.

323 Piper, Einführung, 111.

jedem vernunftbegabten Menschen zugänglich sei»[324]. Zwar sei durchaus richtig, «dass das Ethische für alle Menschen gelten will und gelten kann, aber das besagt keineswegs, dass es deshalb frei sei von religiösen oder weltanschaulichen Voraussetzungen»[325]. Vielmehr besitze jede normative Ethik weltanschauliche Voraussetzungen. Eine normative Ethik aufgrund eines formal-logischen Prinzips (und damit ausschließlich durch die Vernunft) zu gewinnen, ist nach Härle aus dem Grunde nicht möglich, weil es kein formal-logisches Prinzip gibt, «bei dessen Anwendung bestimmte Handlungsmaximen als ethisch vorzüglich [...] erwiesen werden können»[326]. Daher folgert Härle, dass alle nicht formal-logischen Prinzipien, die für die Begründung normativ-ethischer Urteile in Betracht kommen, notwendigerweise inhaltliche Elemente enthalten oder voraussetzen, die als solche wiederum notwendigerweise den Charakter einer Weltanschauung oder des Teils einer Weltanschauung haben.[327] Dies gelte auch für die evangelische Ethik. Kennzeichnend für eine evangelische Ethik seien folgende weltanschauliche Überzeugungen: «Die Welt ist Gottes Schöpfung, die dem Menschen zur verantwortlichen Gestaltung anvertraut ist. – Der Mensch ist zum Ebenbild Gottes erschaffen und hat daher eine unantastbare Würde, die in Gottes Beziehung zu ihm gründet. – Die ethische Forderung an den Menschen erreicht ihren Höhepunkt im Doppelgebot der Liebe. – Die ethisch angemessene Motivation zum Tun des Guten ist konsekutiver Art, nämlich Dankbarkeit»[328]. Davon auszugehen, dass diese Aussagen sich aus reinen Vernunftüberlegungen ergäben, sei aber eine «Fehleinschätzung der Leistungsfähigkeit der Vernunft, die doch in inhaltlicher Hinsicht – aber auch für das Durchschauen ihres eigenen ideologischen Missbrauchs – auf Vorgaben angewiesen ist, die sie nicht selbst produzieren, sondern nur reflektieren und überprüfen kann. Die spezifisch inhaltlichen Voraussetzungen sind, wenn sie wahr sind, zwar für die menschliche Vernunft bestimmt, aber sie stammen nicht aus ihr, sondern aus dem, was sich der Vernunft als Wahrheit erschließt und zu sehen gibt»[329].

In vergleichbarer Weise hat Eilert Herms die Notwendigkeit der ethisch-weltanschaulichen Gewissheit für die Zielsetzung menschlichen Handelns behauptet. Herms geht aus von der fundamentalanthropologischen Einsicht,

---

324 Härle, Ethik, 125.

325 Ebd.

326 Härle, Voraussetzungen, 33. Vgl. auch a. a. O., 34 f.

327 Vgl. a. a. O., 33 f.

328 Härle, Ethik, 126.

329 Ebd.

dass menschliches Handeln – sei es symbolisierender oder organisierender Natur – auf die Erschließung einer Gewissheit und damit auf Offenbarung angewiesen ist.[330] Indem Herms die Offenbarung als einen Erschließungsvorgang versteht, der den Zugang eines Subjektes zu den Erkenntnisgegenständen beschreibt, will er aufweisen, dass nicht nur das menschliche Erkennen, sondern auch das menschliche Handeln überhaupt auf passive Erschließung und damit auf spezielles Offenbarungswissen angewiesen ist. Wie Härle, so würde auch Herms gegen Piper einwenden, dass jede Vernunft weltanschaulich motiviert ist.

Nun haben wir ebenfalls bereits festgestellt (und können zumindest in diesem Punkt Härle und Herms zustimmen), dass es keine voraussetzungslose Vernunft gibt. Zum einen sahen wir, dass wir heute von unterschiedlichen Rationalitäten statt von der einen Vernunft sprechen, zum anderen haben wir festgestellt, dass gerade die Reformation diesem funktionalen Verständnis der Vernunft vorgearbeitet hat. Allerdings muss man erörtern, was genau aus diesem funktionalen Verständnis der Vernunft folgt und was eben nicht. Auch hier sind wir bereits einen Schritt weiter gegangen: Es zeigt sich, dass aus der weltanschaulichen Voraussetzungshaftigkeit des Erkennens, Wahrnehmens und Urteilens nicht folgt, dass Menschen wissentlich aus ihrer jeweiligen Weltanschauung ihr konkretes Erkennen, Wahrnehmen und Urteilen *ableiten*.[331] Unsere bisherigen Überlegungen machen deutlich, dass wir bei unserem Erkennen, Wahrnehmen und Urteilen die jeweilige Situation vor Augen haben, nicht unsere Perspektive, die zwar unser Wahrnehmen, Denken und Urteilen bestimmt, die wir aber nicht vor uns haben und aus der wir keine Deduktionen anstellen. Wir schließen nicht aus unserer Perspektive, wie wir die Dinge sehen oder sehen müssten, sondern unsere jeweilige Perspektive lässt uns die Dinge so und so sehen, über Dinge so oder so denken. Unsere Weltanschauung ist (neben anderem und mit anderem verwoben) daher kein Grund, sondern etwas, das für uns Gründe zu Gründen werden lässt, ihnen also den Charakter des Grundseins verleiht. Von hier aus können wir sagen: Aus der weltanschaulichen Abhängigkeit der Vernunft folgt nicht, dass wir

---

330 Herms, Offenbarung, 176 f. Zu Herms' Offenbarungsverständnis vgl. Roth, Evidenz, 220–223.

331 In diese Richtung könnte Härle, Ethik, VII, verstanden werden, wenn er formuliert: «Die Dogmatik rekonstruiert und entfaltet demzufolge den Inhalt des christlichen Glaubens als angemessenes, wahres Verständnis der Wirklichkeit, wie sie ist. Die Ethik zieht aus diesem Wirklichkeitsverständnis die angemessenen, folgerichtigen Konsequenzen für das Handeln». Hierzu zu Recht kritisch: Anselm, Lebensführung aus Freiheit, 6.

unser Handeln mit unserer Weltanschauung begründen, sondern dass unsere Weltanschauungen (neben und mit anderem) in unserem Denken und Handeln wirksam sind. Auch folgt daraus nicht, dass wir etwas mit dem Glauben oder mit Glaubenssätzen begründen, sondern dass der Glaube in unterschiedlicher Weise in unserem Denken und Handeln tätig ist.

Ausgehend von diesen Überlegungen sind auch kritische Fragen an das Programm der sogenannten «Öffentlichen Theologie» zu stellen,[332] wie es Heinrich Bedford-Strohm vorträgt.[333] Der Ansatz der «Öffentlichen Theologie» will – so Bedford-Strohm – «die Orientierung an Jesus Christus, wie er in den biblischen Texten bezeugt wird, mit dem Bemühen und der Fähigkeit, die damit verbundenen ethischen Orientierungen im Diskurs der pluralistischen Gesellschaft zu plausibilisieren»[334], verbinden. Um ethische, auf Jesus Christus gegründete Orientierung im Diskurs der pluralistischen Gesellschaft zu plausibilisieren, sei eine «Übersetzung» aus einer religiösen in eine öffentliche Sprache notwendig.[335] Diese müsse zeigen, «dass biblische Perspektiven auch für Nichtchristen nachvollziehbar sind und hilfreiche Orientierung jenseits religiöser Traditionen zu geben vermögen»[336]. In diesem Zusammenhang spricht Bedford-Strohm gerne auch von einer «Zweisprachigkeit»: «Bei der Zweisprachigkeit geht es also nicht darum, sich an die säkulare Sprache anzupassen und so um gesellschaftliche Relevanz zu buhlen. Vielmehr geht es um

---

332 Dabei ist zu betonen, dass es ganz unterschiedliche Verständnisse von «Öffentlicher Theologie» gibt. Die Bandbreite der «Öffentlichen Theologie» zeigen Höhne/van Oorschot, Grundtexte. Hier finden sich Texte aus Lateinamerika, Südafrika, Europa, Ozeanien, Australien und Asien. Angesichts der Vielzahl von Begriffsdefinitionen urteilt Höhne in seiner Begriffsgeschichte: «Fast jeder, der sich dem Thema ‹Öffentliche Theologie› zuwendet, hat den Begriff definiert. So sind viele ähnliche und viele sehr unterschiedliche Definitionen mit unterschiedlichen Schwerpunktsetzungen entstanden. Eine interkontextuell einheitliche, autoritative und für die Arbeit der Öffentlichen Theologie normative Definition existiert nicht […]. Von öffentlicher Theologie wird im Plural zu sprechen sein» (Höhne, Öffentliche Theologie, 35). Auch für den engeren deutschen Raum sieht es – wie Frederike van Oorschot deutlich macht – nicht besser aus, auch hier ist «ein gemeinsames Narrativ öffentlicher Theologie […] gegenwärtig nicht zu bestimmen» (van Oorschot, Öffentliche Theologie, 60).

333 Vgl. kritisch zu Bedford-Strohms Verständnis von Öffentlicher Theologie ausführlich Roth, Kirche und Politik.

334 Bedford-Strohm, Öffentliche Theologie und Kirche, 8 f.

335 Vgl. Bedford-Strohm, Fromm und politisch, 10.

336 Bedford-Strohm, Öffentliche Theologie in der Zivilgesellschaft, 219.

die angemessene Kommunikation geistlich gegründeter und profilierter Inhalte in die plurale Öffentlichkeit hinein»[337]. Zweisprachigkeit impliziert somit ein Doppeltes: «Einerseits verlangt es Rechenschaft über die biblischen und theologischen Wurzeln der entsprechenden Aussagen, indem biblische Texte und Bilder explizit in die Überlegungen einbezogen werden. Andererseits erfordert es ausdrückliche Ausführungen zu der Frage, warum die zum Ausdruck gebrachten Überlegungen und Bekräftigungen plausibel sind und für alle Menschen guten Willens Sinn machen, indem zugleich die Sprache des säkularen Diskurses gebraucht wird»[338].

Dieses Programm provoziert natürlich eine Reihe von Rückfragen. Was ist unter «geistlich gegründete[n]» (s. o.) Inhalten zu verstehen? Sollen auch hier Glaubenssätze als Begründungshorizont fungieren? Wenn mit «gegründet» auch eine Art von Begründung gemeint ist, stellt sich die Frage, wie diese Inhalte in einem anderen Begründungszusammenhang so artikuliert werden können, dass der Grundcharakter der Gründe erhalten bleibt. Es ist zu vermuten, dass all diese Fragen und Probleme schon in der Rede von der «Zweisprachigkeit» angelegt sind. Sind Christinnen und Christen denn Menschen, die erst in einem zweiten Schritt Argumente und Gründe der Gesellschaft teilen, weil sie in einer Art Séparée leben, in dem ganz eigene Gründe gelten, die allererst in eine andere Sprache übersetzt werden müssen? Zu denken wäre hier an die Vorstellung, die wir im Rahmen des Kapitels über die Dogmatische Ethik (vgl. Kap. 2.1) diskutiert haben. Das von Bedford-Strohm vorgetragene Verständnis der internen christlichen Kommunikation mit gezielten Ausbruchsversuchen nach außen wird bereits von Emanuel Hirsch problematisiert. Um nicht auf eine Teilhabe am Gesamtleben zu verzichten und zu einer Ghettoexistenz zu erstarren,[339] ist Hirschs *Christliche Rechenschaft* von dem Bemühen getragen, dem allgemein-menschlichen Wahrheitsbewusstsein, d. h. den gesellschaftlich geteilten Kommunikationszusammenhängen, Rechnung zu tragen. Hirsch findet jede Trennung zwischen allgemein-menschlichem Wahrheitsbewusstsein und christlichem Glaubensbewusstsein abwegig.[340] Der sich selbst Rechenschaft über seinen Glauben gebende Christ ist nach Hirsch ja auch Mensch und hat als solcher Anteil an dem allgemein-menschlichen Wahrheitsbewusstsein, sodass er von selbst «diese beiden Seiten seiner geistigen Persönlichkeit in einem lauteren und in sich ganzen und folgerichti-

---

337 Bedford-Strohm, Fromm und politisch, 10.

338 Bedford-Strohm, Vorrang, 175.

339 Vgl. Hirsch, Christliche Rechenschaft 1, 21.

340 Vgl. a. a. O., 21 f.

gen Denken zu einigen»[341] sucht. Gehört das allgemein-menschliche Wahrheitsbewusstsein notwendig auch zum Menschsein des Glaubenden, bedarf der Glaubende der Grundlage des allgemein-menschlichen Wahrheitsbewusstseins,[342] um «als Glaubender wahrhaft der Mensch zu sein, der man ist, und umgekehrt»[343]. Hirsch wendet sich in seiner Verhältnisbestimmung von christlichem Glaubensbewusstsein und allgemein-menschlichem Wahrheitsbewusstsein dem *Subjekt* zu und fragt, wie es zu einem *lebendigen* Denken kommt. Christinnen und Christen, die Teil des gesellschaftlichen Lebens sind, haben keine internen Glaubensgründe, die sie erst in einem zweiten Schritt übersetzen müssen, sondern sie stehen immer schon mit Nicht-Glaubenden und Anders-Glaubenden in den unterschiedlichen Verstehenszusammenhängen.[344]

Abschließend ist an dieser Stelle auch auf Gerhard Ebeling einzugehen, den die Frage nach der weltanschaulichen Voraussetzungshaftigkeit der Ethik einerseits und der Möglichkeit einer gemeinsamen ethischen Urteilsbildung andererseits beschäftigt. Wenn Ebeling in seinem bis heute grundlegenden Aufsatz «Die Evidenz des Ethischen und die Theologie» den «Vorrang […] des Ethischen»[345] betont, so will er damit keinesfalls die weltanschauliche Voraussetzung der Ethik negieren. Vielmehr würde nach Ebeling bereits eine neutrale Analyse des ethischen Problems bestätigen, dass es auf bestimmten weltanschaulichen Voraussetzungen aufbaut und so an deren Strittigkeit teilhat.[346] Die Beobachtung eines Vorrangs des Ethischen bleibt nach Ebeling jedoch trotz der weltanschaulichen Voraussetzungen im Recht, da sich «[d]ie ethischen Probleme […] nicht aufschieben [lassen], bis Einigkeit über jene Grundfragen besteht»[347]. Insofern Ethik es mit dem «verantwortlichen Handeln»[348] zu tun hat, muss es nach Ebeling auch um das gehen, «was in vorläufiger Weise geschehen kann und muß unabhängig vom Glauben als der Erfassung des Letztgültigen»[349]. Dabei betont Ebeling ausdrücklich, dass auch

---

341 A. a. O., 4.

342 Vgl. Hirsch, Geschichte, 174.

343 Vgl. Hirsch, Christliche Rechenschaft 2, 172.

344 Hierzu ausführlich: Roth, Lutherische Theologie.

345 Ebeling, Evidenz des Ethischen, 10.

346 Vgl. ebd.

347 Ebd. So formuliert Ebeling: «Das Bedrängende am ethischen Problem ist von der Art, daß man nicht warten kann, bis erst einmal alle Welt zum christlichen Glauben bekehrt ist, damit sich dann die sittliche Not der Gegenwart löse» (Ebeling, Krise des Ethischen, 47).

348 Ebeling, Theologische Erwägungen, 437.

349 Ebd.

das Vorläufige in rechter Weise nicht unabhängig vom Glauben geschehen kann, doch hat es die Ethik auch mit dem zu tun, «dessen Geltungsanspruch nicht aufhebbar ist bis zu einer Verständigung über das Letztgültige».[350] Von daher besitzt die Ethik die «Aufgabe der ersten Hilfe»[351].

Auffällig ist Ebelings Struktur von «zwar» – «aber». So ist das ethische Problem nach Ebeling zwar ein solches, das auf weltanschaulichen Voraussetzungen aufbaut und an deren Strittigkeit teilhat (somit auch nicht unabhängig ist von der Differenz in Bezug auf den Glauben), andererseits aber lassen sich die ethischen Probleme nicht bis zu einer Einigung in den weltanschaulichen Grundfragen aufschieben. Zu Recht erkennt Ebeling einerseits die weltanschauliche Abhängigkeit ethischer Reflexionen, andererseits, dass gemeinsame ethische Reflexionen geschehen müssen, ohne zuvor Einigkeit über die weltanschaulichen Fragen erzielt zu haben. Allerdings vermag Ebeling das Problem nicht zu lösen, sondern bleibt bei dieser Aporie stehen.[352] Meines Erachtens helfen hier unsere Überlegungen weiter: Es zeigte sich nämlich, wie die weltanschauliche Abhängigkeit der ethischen Argumentation einerseits und die Möglichkeit eines Austauschs der ethischen Argumentation jenseits einer weltanschaulichen Klärung im Vorfeld zu verstehen ist: Weltanschauliche Voraussetzungen sind in unserem Sehen, Denken und Urteilen enthalten, aber wir tragen einander unser Sehen, Denken und Urteilen, nicht unsere Voraussetzungen vor. Dabei ist Ebeling auch hinsichtlich des Verzichts auf Letztgültiges zuzustimmen: Letztbegründungen gibt es in der Ethik nicht. Eine ethisch-moralische Urteilsbildung, ob in der Philosophie oder der Theologie, besteht in dem Bemühen, Facetten von Situationen aufzuzeigen, Differenzen verständlich zu machen, mögliche Konsequenzen für alle Beteiligten auszuloten, neue Horizonte zu eröffnen, Gründe zu bedenken und diese einander zu plausibilisieren. Ethisch-moralische Argumente sind der Versuch, andere zu bewegen, die Dinge anders und neu zu sehen, Gründe zu überdenken oder neu zu denken. Hier geht es nicht um Beweisen, sondern um Überzeugen, es handelt sich um ein weisheitliches Streben und Tun.[353] Gibt es in diesem Vorgehen auch keinen Unterschied zwischen einem Philosophen und einem Theologen, so stellt sich die Frage, wo denn der Glaube und auch die Bibel virulent werden, wenn sie denn virulent werden. Dies gilt es abschließend zu klären.

---

350 Ebd.

351 Ebeling, Die Evidenz des Ethischen, 10.

352 Vgl. hier Roth, Normative Ethik, 181 f.

353 Vgl. Dalferth, Wirklichkeit des Möglichen, 47–64.

3 Der Ort der Bibel in der Ethik

Als Ergebnis des erstens Teils haben wir festgehalten, dass eine Bezugnahme auf die biblischen Texte mit der Absicht einer Begründung von ethischen Urteilen ein nicht gangbarer Weg ist.

Erstens: Eine heteronome Bestimmung durch die biblischen Texte widerspricht dem Bewusstsein der Autonomie, das den ethischen Diskurs der Neuzeit prägt. Die biblischen Texte – so haben wir festgestellt – können im protestantischen Verständnis nicht als papierener Papst fungieren und uns als Autorität vorschreiben, wie wir Dinge sehen müssen und wie aufgrund der Texte gegenwärtig fragliche Sachverhalte zu beurteilen sind. Wenn auch Christen und Christinnen sich neuzeitlichem Denken verpflichtet wissen, können sie sich nicht in einem auf Verstehen verzichtenden Gehorsam den biblischen Texten unterwerfen. Biblische Texte können «*nicht* als legitimierend oder begründend»[354] verstanden werden.

Zweitens: Aufgrund des historischen Abstands der Gegenwart vom urchristlichen Zeitalter und seinen Dokumenten ist kein einziger biblischer Satz ohne Weiteres auf heute übertragbar. Man wird Christian Polke zustimmen müssen, wenn er formuliert: «Oftmals wird schlicht übersehen, was nicht-christlichen Interpreten nur allzu klar vor Augen steht: Eine Vielzahl an ethischen Problemen, die unsere Lebensgegenwart treffen, stehen schon aufgrund des historischen Abstandes, aber auch dem Wandel unserer Lebens-, Religions- und Gesellschaftsformen den Autoren der biblischen Texte fern. Es ist schlicht nicht wahr, dass man der Schrift zu Fragen etwa der Humangenetik oder auch der Wirtschaftsordnung irgendeine auf diese Probleme bezugnehmende Stellungnahme schlicht entnehmen könnte»[355]. Das, was für Fragen der Humangenetik oder Wirtschaftsordnung gilt, gilt auch für weitere Themen wie bspw. Klimaethik, Sexualethik oder Tierethik. In einer naiven Bezugnahme auf die biblischen Texte geht es meistens ausschließlich darum, die eigene Position durch die biblischen Texte zu belegen.

Drittens: In theologischer Perspektive verkennt diese Bezugnahme häufig, dass die biblischen Texte nicht Gegenstand des Glaubens sind, sondern ihren Ort im Prozess der Glaubensbildung haben, in dem es um eine Vermittlung dessen geht, was in den biblischen Texten verarbeitet wird: der Glaube

354 Meyer zu Hörste-Bührer, Thesen, 97.

355 Polke, Was könnte das sein, 159.

an das Erscheinen Gottes in Jesus von Nazareth. Die biblischen Texte werden dann (und nur dann) zur heiligen Schrift, wenn die Texte zur Kommunikation des Evangeliums von Jesus als dem Christus gebraucht werden. Von hier aus mussten wir die Frage nach der Bedeutung der Bibel für die theologische Ethik verschieben: Die Frage nach der Bedeutung des Glaubens für die theologische Ethik ist der Rahmen, innerhalb dessen die Bedeutung der biblischen Texte als Schrift allererst erörtert werden kann.

Nun zeigte sich, dass auch die Frage nach der Bedeutung des Glaubens für die Ethik durchaus voraussetzungsreich ist und fundamentaltheologische Überlegungen darüber verlangt, was wir unter «Glaube», «Glaubenswissen» und dem Verhältnis von «Vernunft und Glaube» verstehen. Diese Überlegungen waren notwendig, um zu verstehen, was ein «Denken aus der Perspektive des Glaubens» im Allgemeinen und eine «Ethik aus der Perspektive des Glaubens» im Speziellen ist. Wir sahen, dass wir nicht verstehen, argumentieren und urteilen, indem wir von einem bestimmten Verständnis der Wirklichkeit im Ganzen intentional ausgehen und von hier die Wahrnehmung und Beurteilung von Einzelsachverhalten der Erfahrungswelt ableiten. Eben weil wir uns nicht in einem einheitlichen Referenzrahmen bewegen, würde eine sich als Etablierung eines einheitlichen Referenzsystems gestaltende theologische Perspektive auf die Dinge mit dem Gegebensein der Phänomene in unterschiedlichen Verstehensbewegungen und unserem Umgang mit ihnen nicht decken. Dies ist auch bei der theologischen Ethik zu bedenken. Es zeigt sich, dass aus der weltanschaulichen Voraussetzungshaftigkeit des Erkennens, Wahrnehmens und Urteilens nicht folgt, dass Menschen aus ihrer jeweiligen Weltanschauung ihr konkretes Erkennen, Wahrnehmen und Urteilen *ableiten.* Unsere «weltanschaulichen Voraussetzungen» verwirklichen sich in, mit und unter unserem alltäglichen Verstehen, Analysieren und Urteilen. Von hier aus ist eine Ethik «aus der Perspektive des Glaubens» ein durchaus missverständliches Programm. Der Glaube ist kein Für-wahr-Halten von Glaubenssätzen, die als Axiome der Ethik vorausgesetzt sind und aus denen dann abgeleitet werden kann. Wir argumentieren nicht, was aus der Perspektive des Glaubens Gründe sind, sondern wir nennen Gründe, die den Charakter des Grundseins unter anderem (!) den religiösen Traditionen verdanken, die uns geprägt haben. Eine theologische Ethik hat – wie Peter Dabrock betont – «methodologisch keinen Sonderstatus gegenüber philosophischen Ethiken aufzuweisen»[356]: Theologische Ethikerinnen und Ethiker nehmen Phänomene wahr und versuchen ihre Wahrnehmung und ihre Auseinandersetzung mit dem

---

356 Dabrock, Das Alte Testament, 151.

Wahrgenommenen im disziplinierten Nachdenken zu verstehen und darüber vernünftig argumentierend Rechenschaft abzulegen – hierin unterscheiden sie sich nicht von dem Philosophen und der Philosophin.

Welche Bedeutung hat nun der Glaube für die Ethik? Wir sahen, dass «Glaubenswissen» in der Ethik keine Begründungsfunktion zukommen kann. Glaube und Religion können aber eine Rolle spielen (a) im *Vorfeld* der ethischen Argumentation (in der *religiösen Praxis* des ethisch reflektierenden Subjekts, die den *Horizont* seines Wahrnehmens und Denkens formt) und (b) in *Nachbetrachtung* der ethischen Argumentation, d. h. der abschließenden Einordnung des ethischen Arguments in die christliche Tradition.[357] An beiden Orten haben dann auch die biblischen Texte ihren (begrenzten) Ort.

Ad a: Durch den Glauben geformte Wahrnehmung

Wenn wir im Folgenden den Sachverhalt bedenken, dass Glaube und Religion an der Formung des Horizonts des Wahrnehmens und Denkens des Subjektes beteiligt sind, dann geraten damit die prägenden protestantischen Traditionen in den Blick. Neben Liedern, Bekenntnissen, Erzählungen usw. wird man in diesem Zusammenhang auch auf die biblischen Texte zu sprechen kommen. Gerade der Gottesdienst ist in besonderer Weise in der Lage, Wahrnehmungsräume zu eröffnen, in die wir uns hörend, (mit)sprechend und singend hineinstellen.

Wenn es nun darum geht, etwas spezifischer aufzuzeigen, welche Rolle Glaube und Religion im *Vorfeld* der ethischen Argumentation spielen, ist der Zusammenhang von Bewertung und Wahrnehmung angesprochen, auf den der Terminus der «dichten Begriffe» («thick concepts») abhebt. Um es vorwegzunehmen: Mit der Betonung des Zusammenhangs von Bewerten und Wahrnehmen ist nicht die Rede vom naturalistischen Fehlschluss zu problematisieren, also die Behauptung zu bestreiten, dass es eine (nicht zu schließende) Lücke gibt zwischen der Beschreibung und der Bewertung von Tatsachen, also zwischen der Feststellung, dass etwas der Fall ist, und der Behauptung, dass, was der Fall ist, gut oder schlecht sei und man dementsprechend handeln müsse.[358] Geht die Einsicht in den naturalistischen Fehlschluss

357 Vgl. hierzu bereits: Roth, Sechzehn Thesen.

358 Der bekannteste und ernsthafteste Versuch, die These von der Unableitbarkeit eines Sollens aus dem Sein infrage zu stellen, stammt von John Searle (vgl. Searle, How, 43–58). Dass aber auch dieser Versuch nicht überzeugen kann, zeigen u. a. Mackie, Ethik, 82–89; Roth, Illusion, 91–95.

auch auf einige Bemerkungen von David Hume zurück,[359] so hat Georg Edward Moore dieselbe Einsicht auf eine breitere Basis gestellt:[360] Aussagen, die das Wort «gut» enthalten, lassen sich nicht aus rein beschreibenden Aussagen ableiten. Die Bewertung einer Sache bringt ein zusätzliches Element ins Spiel, das in der Beschreibung nicht enthalten ist. Bei einem moralischen Argument muss daher eine Prämisse, die in das Argument eingeht, eine bewertende oder empfehlende Prämisse sein. Ist diese Einsicht von Moore auch in keiner Weise zu bestreiten, so muss man sich trotzdem klarmachen, dass damit nicht behauptet wird, man könne in dem Akt der Wahrnehmung der Wirklichkeit tatsächlich zwischen (zu beschreibenden) Tatsachen und Wertungen trennen. Darauf verweist bereits eine bestimmte Art von Begriffen: So gibt es neben rein bewertenden Begriffen wie «gut» und rein beschreibenden Begriffen wie «grün» auch Begriffe wie «grausam», «geizig», «großzügig» (in der analytischen Philosophie «dichte Begriffe» / «thick concepts» genannt), die einen bewertenden *und* deskriptiven Bedeutungsanteil haben. Diese Begriffe überbrücken die Kluft zwischen Beschreiben und Vorschreiben. Wir erfahren Sachverhalte nicht an und für sich, sondern immer verbunden mit einer Wertung. Unsere Haltung gegenüber den Dingen ist nicht unabhängig von unserer Wahrnehmung der Dinge, vielmehr ereignet sich unsere Haltung zu den Dingen in, mit und unter unserer Wahrnehmung. Und daher bringen wir unsere Haltung zu den Dingen in unserer Beschreibung der Dinge zum Ausdruck.[361] Folglich wird auch in einem ethischen Streit auf ganz unterschiedliche Züge der Wirklichkeit verwiesen. So verläuft bspw. ein Streit zwischen Kernkraftgegnern und Befürwortern der Kernkraft nicht so, dass sie die Tatsachen gleich beschreiben und nur unterschiedliche Wertungen haben, sondern so, dass jeweils *unterschiedliche* Tatsachen ins Spiel gebracht werden, auf *unterschiedliche* Aspekte der Wirklichkeit verwiesen wird, *unterschiedlich* gewichtet wird. Wenn jemand die Geschichte der Tötung eines Menschen durch einen anderen als gemeinen Mord wertet, während ein anderer ihn als Akt einer heroischen Befreiung darstellt, werden sie nicht die gleiche Geschichte erzählen und nur unterschiedliche Wertungen vornehmen, sondern sie werden völlig andere Geschichten erzählen, weil sie ganz unterschiedliche Aspekte in den Vordergrund rücken, auf ganz unterschiedliche Weise Verbindungen ziehen, ganz andere Dinge betonen bzw. unbetont lassen. Jemand,

---

359 Vgl. Hume, Traktat über die menschliche Natur, 547 f. Vgl. hierzu ausführlich: Roth, Illusion, 90–92.

360 Moore, Principia Ethica, 38 f.

361 Vgl. Stevenson, Facts and Values, 4–8.

der mit der Kultur des Stierkampfes groß geworden ist, wird den Stierkampf nicht nur anders *beurteilen* als jemand, der in Niederbayern sozialisiert ist, er wird etwas anderes *sehen* als der Niederbayer. Er wird von dem Stierkampf in einer ganz anderen Weise *berichten*. Tatsachen und Wertungen sind in unserem Leben immer schon verbunden. Wir begegnen keiner «nackten» Realität, sondern einer erlebten Realität, einer Realität, in der Tatsachen immer schon mit Wertungen verbunden sind. Dabei ist es zu kurz gegriffen, die Art, die Dinge zu sehen, als rein subjektiv zu bezeichnen; vielmehr ist diese Art Teil einer das Subjekt übergreifenden Orientierungs- und Wahrnehmungsgemeinschaft.[362] Diese lehrt nicht einfach, wie etwas Gesehenes zu bewerten ist, sondern sie übt ein, wie etwas gesehen wird. Gerade hier haben Religion und Glaube ihren Ort, als eine Art Wahrnehmungsschule, als Einübung in das Sehen.[363] Dabei ist auch hier an das zu erinnern, was bereits mehrfach betont wurde: Unsere Wahrnehmung wird nicht monokausal, sondern durch Unterschiedliches geformt, wir befinden uns sozusagen in vielen Schulen. Aus ganz unterschiedlichen Bereichen wachsen uns Erfahrungen zu, die unser wertendes Wahrnehmen prägen. Und diese Erfahrungen schließen sich auch nicht zu einer großen Einheit zusammen, die als konstante Größe unser wertendes Wahrnehmen prägt, vielmehr – vgl. Kap. 2.2.3 – werden in unterschiedlichen Kontexten unterschiedliche Wahrnehmungsmuster aktiviert.

Ad b: Die Einordnung des ethischen Arguments in die christliche Tradition

Eine ethische Aussage kann zwar nicht durch «Glaubenswissen» oder durch einen Hinweis auf biblische Texte begründet werden, allerdings kann eine ethische Aussage vor der christlichen Tradition verantwortet werden, indem sie in diese eingeordnet und als eine angemessene Weiterentwicklung zur Sprache gebracht wird. Der Horizont des Verstehens und Wahrnehmens, anders: die religiöse Grundierung, die sich in, mit und unter unserem Verstehen abspielt, wird in einem solchen Prozess thematisch und durchsichtig gemacht. Wohlgemerkt: Der theologische Ethiker oder die theologische Ethikerin, der oder die sich vor der christlichen Tradition verantwortet, ersetzt seine bzw. ihre vernünftig argumentierende Rechenschaft nicht mit einem Verweis auf die christliche Tradition, sondern markiert, inwiefern die Tradition als Grundierung und Horizont der eigenen Argumentation verstanden werden kann. Er oder sie ordnet sich in diese Tradition ein und zeigt, inwiefern er oder sie sich als jemand begreift, der oder die in dieser Tradition steht und diese Tra-

---

362 Vgl. hierzu ausführlich: Roth, Moralische Wahrnehmung.

363 Vgl. Roth, Wahrnehmungsschule.

dition – wenn auch in Umformung und Weiterentwicklung – verantwortet. Hierbei wird die Bibel sicherlich nicht der primäre Anknüpfungspunkt sein, eine sich als protestantische Ethik (zumindest lutherischer Spielart) verstehende Ethik wird in der Rechtfertigungslehre sowie der Unterscheidung von Gesetz und Evangelium ihren primären Anknüpfungspunkt haben.[364] Wenn zwar auch nicht primär, so werden bei diesem Prozess aber natürlich auch die biblischen Texte in ihrer christlich-kulturellen Verwobenheit in den Blick genommen. Eine ethische Aussage vor den biblischen Texten zu verantworten, heißt aber nicht, zu einem Sprung über 2000 Jahre Geschichte der Reflexion von Glaubenserfahrungen, der Umformung und des Neuverstehens anzusetzen. Es heißt – um an Schleiermacher zu erinnern – damit auch nicht, zu zeigen, wie die jeweilige ethische Aussage aus dem Kanon abgeleitet werden kann, oder zu behaupten, dass sie im Keim schon im Kanon enthalten sei.[365] Es bedeutet vielmehr, sie mit einer Tradition in Beziehung zu setzen, die immer auch von den biblischen Texten ihre Impulse bekommen hat. So wird gezeigt, ob und wie die jeweilige Reflexion beanspruchen kann, in einer Denkbewegung zu stehen, die zwar nicht bereits in den biblischen Texten zu finden, aber auch von den biblischen Texten ausgegangen ist. Hier handelt es sich um keinen Schriftbeweis, sondern um ein Sich-selbst-Verorten der Ethikerin und des Ethikers in der christlichen Tradition. Eine solche Verortung geht nie im direkten Rückgriff auf die biblischen Texte an der Überlieferungs- und Kulturgeschichte vorbei. In diese Richtung argumentiert auch Jörg Lauster: «Ein Element religiöser Symbolisierung ist vielmehr dann als schriftgemäß erfaßt, wenn es sich über den Nachvollzug des überlieferungsgeschichtlichen Vermittlungsprozesses auf die zentralen biblischen Ausdrucksmotive religiöser Erfahrung zurückbinden läßt»[366]. Das aber heißt auch: «Das Schriftprinzip ist in diesem Sinne nur in dem Geist zu haben, der in der christlichen Überlieferungs- und Kulturgeschichte fortwirkt, und nicht allein im Buchstaben der Bibel»[367].

Wir sind am Ende des Essays angekommen: Ausgehend von der Beobachtung, dass der Bezug auf die biblischen Texte oft zu einer Vernachlässigung

---

364 So auch Leonhardt, Ethik, 91. Die Bedeutung der Rechtfertigungslehre für das Profil einer reformatorischen Ethik verdeutlichen auch: Gräb-Schmidt, Normativitätsanspruch, 54–59; Körtner, Liebe, 93–96.

365 Vgl. Schleiermacher, Glaube 2, § 129, 2.

366 Lauster, Prinzip, 460.

367 Ebd.

rationaler Standards der ethischen Argumentation führt (vgl. Kap. 1.1), haben wir nach dem angemessenen Bibelgebrauch in der Ethik gefragt. Es ist zu hoffen, dass die Antwort, die der Essay zu geben versucht hat, ebenso nachvollziehbar wie klar ist: Eine ethische Aussage wird weder durch Glaubensaussagen noch durch einen Hinweis auf biblische Texte begründet, allerdings kann eine ethische Aussage in die christliche Tradition eingeordnet werden. Entscheidend ist, dass die Verortung der ethischen Aussagen und Einsichten in den christlichen Überlieferungs- und Traditionsprozess keinen Begründungszusammenhang darstellt. Diese Verortung generiert nicht das ethische Argument, sondern macht es auf seine «Christlichkeit» hin durchsichtig, genauer: macht durchsichtig, inwiefern diejenige und derjenige, die und der eine ethische Aussage trifft, den (subjektiven) Anspruch besitzt, Teil der christlichen Tradition zu sein. Beide Schritte dürfen nicht miteinander vermischt werden, wenn es nicht zu Unklarheiten und einem Rationalitätsverlust in der Ethik kommen soll.

Literaturverzeichnis

Albrecht, Christian, Praktische Theologie, in: Nüssel, Friederike (Hg.), Schriftauslegung. Schriftauslegung als Vollzug protestantischer Frömmigkeitspraxis (Themen der Theologie 8), Tübingen 2014, 207–237.

—, / Anselm, Reiner, Öffentlicher Protestantismus. Zur aktuellen Debatte um gesellschaftliche Präsenz und politische Aufgaben des evangelischen Christentums (Theologische Studien NF 4), Zürich 2017.

Alkier, Stefan, Hermeneutik und Methodik im Zeichen von Sola Scriptura heute. Ein Weg aus der Krise historisch-kritischer Exegese und Theologie, in: Wick, Peter / Cramer, Malte (Hg.), Allein die Schrift? Neue Perspektiven auf eine Hermeneutik für Kirche und Gesellschaft, Stuttgart 2019, 93–112.

Ammann, Christoph, Wider die ethische Expertokratie. Eine Polemik in ernsthafter Absicht, in: Ammann, Christoph / Bleisch, Barbara / Goppel, Anna (Hg.), Müssen Ethiker moralisch sein? Essays über Philosophie und Lebensführung, Frankfurt a. M. / New York 2011, 177–194.

Anscombe, Elizabeth, Moderne Moralphilosophie. Übersetzt von F. Scholz, in: Grewendorf, Günther / Meggle, Georg (Hg.), Seminar: Sprache und Ethik. Zur Entwicklung der Metaethik, Frankfurt a. M. 1974, 214–243.

Anselm, Reiner, Bewahrung der Schöpfung. Genese, Gehalt und gegenwärtige Bedeutung einer Programmformel in der Perspektive ethischer Theologie, EvTh 74 (2014), 227–236.

—, Leben als Gut, nicht als Pflicht. Der Beitrag der evangelischen Ethik in der Debatte um den assistierten Suizid, ZEE 59 (2015), 104–113.

—, Lebensführung aus Freiheit. Zur Grundlegung einer evangelischen Ethik, in: Roth, Michael / Held, Marcus (Hg.), Was ist theologische Ethik? Grundbestimmungen und Grundvorstellungen, Berlin / Boston 2018, 5–16.

—, / Karle, Isolde / Lilie, Ulrich, Den assistierten professionellen Suizid ermöglichen, FAZ Nr. 8 (11.01.2021).

Apel, Hans, Volkskirche ohne Volk? Der Niedergang der Landeskirche, Gießen 2003.

—, / Kettner, Matthias, Die eine Vernunft und die vielen Rationalitäten, Frankfurt a. M. 1996.

Arnold, Gabriele, Für eine Frau, die sich das Leben nahm. «Vielleicht hat Gott das zugelassen mit weit geöffneten Armen und weit geöffnetem Herzen und hat gesagt: Dann komm eben wieder nach Hause», in: Bäuerle, Sabine / Müller, Elisabeth (Hg.), Der Kreis des Lebens hat sich geschlossen. Feministisch-theologischer Umgang mit Tod und Sterben in der Gemeindepraxis, Münster [2]2001, 19–20.

Auer, Alfons, Autonome Moral und christlicher Glaube, Düsseldorf 1971.

Barth, Karl, Kirchliche Dogmatik I/2, Zollikon-Zürich [5]1960.

Baur, Ferdinand Christian, Abgenötigte Erklärung gegen einen Artikel der Ev. Kirchenleitung, in: ders., Ausgewählte Schriften in Einzelausgaben, Erster Band, hg. von Klaus Scholder, Stuttgart-Cannstadt 1963, 267–320.

Bayer, Oswald, Schöpfung als Anrede. Zu einer Hermeneutik der Schöpfung, Tübingen [2]1990.

—, Gott als Autor. Zu einer poietologischen Theologie, Tübingen 1999.

—, Martin Luthers Theologie. Eine Vergegenwärtigung, Tübingen 2003.

Bedford-Strohm, Heinrich, Vorrang für die Armen. Öffentliche Theologie als Befreiungstheologie einer demokratischen Gesellschaft, in: Nüssel, Friederike (Hg.), Theologische Ethik der Gegenwart. Ein Überblick über zentrale Ansätze und Themen, Tübingen 2009, 167–182.

—, Öffentliche Theologie und Kirche. Abschiedsvorlesung an der Universität Bamberg am 26. Juli 2011, https://landesbischof.bayern-evangelisch.de/downloads/Abschiedsvorlesung_Bedford_Strohm.pdf (30.07.2025).

—, Öffentliche Theologie in der Zivilgesellschaft, in: Höhne, Florian / van Oorschot, Frederike (Hg.), Grundtexte Öffentliche Theologie, Leipzig 2015, 211–226.

—, Fromm und politisch. Warum die evangelische Kirche die öffentliche Theologie braucht, zeitzeichen 17 (2016), 8–11.

Die Bekenntnisschriften der evangelisch-lutherischen Kirche (BSLK). Herausgegeben im Gedenkjahr der Augsburgischen Konfession 1930, Göttingen [10]1986.

Beutel, Albrecht, Protestantische Konkretionen. Studien zur Kirchengeschichte, Tübingen 1998.

—, Kirchengeschichtliche Neuzeit, in: Nüssel, Friederike (Hg.), Schriftauslegung (TdT 8), Tübingen 2014, 141–174.

Birnbacher, Dieter, Analytische Einführung in die Ethik, Berlin / New York [2]2007.

Bormann, Josef, Ärztliche Suizidbeihilfe aus Sicht der katholischen Moraltheologie, ZME 61 (2015), 199–215.

Cramer, Malte, Die Präzedenz der Schrift. Zur Positionierung der biblischen Schriften in Theologie und Kirche, in: Wick, Peter / Cramer, Malte (Hg.), Allein die Schrift? Neue Perspektiven auf eine Hermeneutik für Kirche und Gesellschaft, Stuttgart 2019, 9–23.

Dabrock, Peter, Zum Gebrauch der Bibel in der Theologischen Ethik. Erörterungen angesichts der aktuellen Debatte um Homosexualität, ÖR 61 (2012), 275–286.

—, «Ja lieber gesel, es heyst, ob es dyr geredt sey» (WA 16,388). Das Alte Testament als Herausforderung theologischer Ethik, in: Gräb-Schmidt, Elisabeth / Preul, Reiner (Hg.), Das Alte Testament in der Theologie (MJTh 25), Leipzig 2013, 121–167.

—, Warum die Bibel für die evangelisch-theologische Ethik viel, aber nicht alles bedeutet – Überlegungen angesichts der noch immer nicht verstummten Debatte um die Anerkennung homosexueller Orientierung, in: Harasta, Eva (Hg.), Traut Euch. Schwule und lesbische Ehe in der Kirche, Berlin 2016, 42–76.

—, Konkrete Ethik in fundamentaltheologischer Perspektive, in: Roth, Michael / Held, Marcus (Hg.), Was ist theologische Ethik? Grundbestimmungen und Grundvorstellungen, Berlin / Boston 2018, 19–40.

—, / Huber, Wolfgang, Selbstbestimmt mit der Gabe des Lebens umgehen, FAZ Nr. 20 (25.01.2021).

Dalferth, Ingolf Ulrich, Die Wirklichkeit des Möglichen. Hermeneutische Religionsphilosophie, Tübingen 2003.

—, Evangelische Theologie als Interpretationspraxis. Eine systematische Orientierung (ThLZ.F 11/12), Leipzig 2004.

—, Fundamentaltheologie oder Religionsphilosophie?, in: Petzoldt, Matthias (Hg.), Evangelische Fundamentaltheologie in der Diskussion, Leipzig 2004, 171–193.

—, Glaubensvernunft oder Vernunftglauben? Anmerkungen zur Vernunftkritik des Glaubens, in: Schweitzer, Friedrich (Hg.), Kommunikation über Grenzen (VWGTh 31), Gütersloh 2009, 612–627.
—, Wirkendes Wort. Bibel, Schrift und Evangelium im Leben der Kirche und im Denken der Theologie, Leipzig 2018.
Denzinger, Heinrich, Kompendium der Glaubensbekenntnisse und kirchlichen Lehrentscheidungen. Verbessert, erweitert, ins Deutsche übertragen und unter Mitarbeit von Helmut Kolping hg. von Peter Hünermann (DS), Freiburg i. Br. / Basel / Wien [45]2017.
Derrida, Jacques, Falschgeld. Zeit geben I. Aus dem Französischen von Andreas Knop und Michael Wetzel, München 1993, 21–41.
Dietrich, Jan, Individualität im Alten Testament, Alten Ägypten und Alten Orient, in: Berlejung, Angelika / Dietrich, Jan / Quack, Joachim Friedrich (Hg.), Menschenbilder und Körperkonzepte im Alten Israel, in Ägypten und im Alten Orient (ORA 9), Tübingen 2012, 77–96.
Ebeling, Gerhard, Das Wesen des christlichen Glaubens, Tübingen 1960.
—, Theologische Erwägungen über das Gewissen, in: ders., Wort und Glaube I, Tübingen [2]1962, 429–446.
—, «Sola scriptura» und das Problem der Tradition, in: ders., Wort Gottes und Tradition. Studien zu einer Hermeneutik der Konfessionen, Göttingen [2]1966, 91–143.
—, Die Evidenz des Ethischen und die Theologie, in: ders., Wort und Glaube II: Beiträge zur Fundamentaltheologie und der Lehre von Gott, Tübingen 1969, 1–41.
—, Die Krise des Ethischen und die Theologie. Erwiderung auf W. Pannenbergs Kritik, in: ders., Wort und Glaube II: Beiträge zur Fundamentaltheologie und der Lehre von Gott, Tübingen 1969, 42–55.
Elert, Werner, Der christliche Glaube. Grundlinien der lutherischen Dogmatik. Mit einem Vorwort von Wolfgang Trillhaas, Erlangen [6]1988.
Emser, Hieronymus, Das New Testament so durch den hochgelerten Hieronymum Emser seligen verteutscht/ under des Durchleuchten/ Hochgeborenen Fürstenn und Herrn/ Herrn Georgen Hertzogen zu Sachssen etc. Regiment außgegangen ist, Freiburg i. Br. 1534.
Engi, Lorenz, Möglichkeiten und Grenzen der Tätigkeit von Ethikkommissionen. Untersucht am Beispiel der nationalen Ethikkommission im Bereich Humanmedizin, Schweizerisches Zentralblatt für Staats- und Verwaltungsrecht 110 (2009), 92–113.
Fischer, Johannes, Theologische Ethik. Grundwissen und Orientierungen, Stuttgart 2002.
Fischer, Peter, Einführung in die Ethik, München 2003.
—, Die Themen der ethischen Systematik aus philosophischer Sicht, in: Roth, Michael / Held, Marcus (Hg.), Was ist theologische Ethik? Grundbestimmungen und Grundvorstellungen, Berlin / Boston 2018, 323–337.
Flasch, Kurt, Die geistige Mobilmachung. Die deutschen Intellektuellen und der Erste Weltkrieg: Ein Versuch, Berlin 2000.
Forschungsverbund ForuM (Hg.), Abschlussbericht. Forschung zur Aufarbeitung sexualisierter Gewalt und anderer Missbrauchsformen in der Evangelischen Kirche und Diakonie in Deutschland, www.forum-studie.de/wp-content/uploads/2024/02/Abschlussbericht_ForuM_21-02-2024.pdf (02.10.2024).

Franke, Edith, Fachliche Spezialisierung, methodische Integration. Mut zur Theorie und die Marginalität der Kognitionswissenschaften, in: dies. / Maske, Verena (Hg.), Religionswissenschaft zwischen Sozialwissenschaften, Geschichtswissenschaft und Kognitionsforschung. Ein Autoren-Workshop mit Hubert Seiwert (Marburg Online Books 2), Marburg 2014, 33–42.

Gauthier, David, Warum Kontraktualismus?, in: Bayertz, Kurt (Hg.), Warum moralisch sein?, Paderborn / München [2]2006, 189–211.

Goertz, Stephan, Moraltheologie unter Modernisierungsdruck. Interdisziplinarität und Modernisierung als Provokation theologischer Ethik – im Dialog mit der Soziologie Franz Xaver Kaufmanns, Münster 1999.

—, Legt die Bibel die Moral aus oder die Moral die Bibel? Moraltheologische Erwägungen zur ethischen Normativität der Heiligen Schrift, in: Breitsameter, Christof / Goertz, Stephan (Hg.), Bibel und Moral – ethische und exegetische Zugänge (Jahrbuch für Moraltheologie 2), Freiburg i. Br. / Basel / Wien 2018, 67–81.

—, Biblische Ethik nach dem Primat der Autonomie, Journal of Ethics in Antiquity and Christianity 1 (2019), 71–73.

—, / Striet, Magnus (Hg.), Nach dem Gesetz Gottes. Autonomie als christliches Prinzip, Freiburg i. Br. 2014.

Goltz, Rainer, Das Werden der Gewissheit. Eine Untersuchung zum protestantischen Verständnis von Offenbarung als Grund des Glaubens im Anschluss an die Theologien von Barth, Ebeling und Herms (Theologie – Kultur – Hermeneutik 7), Leipzig 2008.

Gräb, Wilhelm, Das Schriftprinzip in der Predigt der Gegenwart, in: Schmid, Hans Heinrich / Mehlhausen, Joachim (Hg.), Sola scriptura. Das reformatorische Schriftprinzip in der säkularen Welt, Gütersloh 1991, 319–334.

Gräb-Schmidt, Elisabeth, Der Wirklichkeits- und Normativitätsanspruch der Ethik. Überlegungen zu Grundfragen der Ethik in reformatorischer Sicht, in: Roth, Michael / Held, Marcus (Hg.), Was ist theologische Ethik? Grundbestimmungen und Grundvorstellungen, Berlin / Boston 2018, 41–62.

Graf, Friedrich Wilhelm, Vom Munus Propheticum Christi zum prophetischen Wächteramt der Kirche? Erwägungen zum Verhältnis von Christologie zur Ekklesiologie, ZEE 32 (1988), 88–108.

—, Der deutsche Protestantismus und der Zweite Weltkrieg, in: Schubert, Venanz (Hg.), Der Zweite Weltkrieg: 50 Jahre danach. Eine Ringvorlesung an der Universität München, Sankt Ottilien 1992, 217–267.

Gustafson, James M., Der Ort der Schrift in der Ethik. Eine methodische Studie, übers. v. Reinhard Hütter, in: Ulrich, Hans G. (Hg.), Evangelische Ethik. Diskussionsbeiträge zu ihrer Grundlegung und ihren Aufgaben (TBT 83), München 1990, 246–279.

Härle, Wilfried, Die weltanschaulichen Voraussetzungen jeder normativen Ethik, in: ders. / Preul, Reiner (Hg.), Woran orientiert sich Ethik? (MJTh 13), Marburg 2001, 15–38.

—, Ethik, Berlin /Boston [2]2018.

—, Dogmatik, Berlin / Boston [6]2022.

Harnack, Adolf von, Marcion. Eine Monographie zur Geschichte der Grundlegung der katholischen Kirche, Darmstadt 1960.

Hegel, Georg Wilhelm Friedrich, Vorlesungen über die Philosophie der Religion I. Werke in 20 Bänden. Werk 16, Frankfurt a. M. 1986.

—, Vorlesungen über die Philosophie der Religion II. Werke in 20 Bänden. Werk 17, Frankfurt a. M. 1986.

Heimbach-Steins, Marianne, Bibel und Ethik – ein Gespräch, ThGl 101 (2011), 315–317.

Herbst, Michael, «… denn ich möchte lieber tot sein als leben». Ein kritischer Beitrag zur gegenwärtigen Debatte über assistierten Suizid, ThBeitr 52 (2021), 191–217.

Herms, Eilert, Luthers Auslegung des Dritten Artikels, Tübingen 1987.

—, Offenbarung, in: ders., Offenbarung und Glaube. Zur Bildung des christlichen Lebens, Tübingen 1992, 168–220.

—, Phänomene des Glaubens. Beiträge zur Fundamentaltheologie, Tübingen 2006.

Hirsch, Emanuel, Geschichte der neuern evangelischen Theologie im Zusammenhang mit den allgemeinen Bewegungen des europäischen Denkens. Bd. I, Gütersloh ^{5}1975, Nachdruck Münster 1984.

—, Christliche Rechenschaft I. Bearbeitet von H. Gerdes. Neuausgabe besorgt von H. Hirsch, Tübingen 1989.

—, Christliche Rechenschaft II. Bearbeitet von H. Gerdes. Neuausgabe besorgt von H. Hirsch, Tübingen 1989.

Hofheinz, Marco, Einleitung: Wie kommt die Bibel in die Ethik? – Wie kommt die Ethik in die Bibel, in: ders. / Mathwig, Frank / Zeindler, Matthias (Hg.), Wie kommt die Bibel in die Ethik? Beiträge zu einer Grundfrage theologischer Ethik, Zürich 2011, 9–22.

—, «Wahrnehmen – Prüfen – Urteilen». Explorative Annäherung an eine «selbstdarstellende» theologische Identitäts- und Gemeindeethik, in: Roth, Michael / Held, Marcus (Hg.), Was ist theologische Ethik? Grundbestimmungen und Grundvorstellungen, Berlin / Boston 2018, 63–80.

—, Das Selbst-Verständliche, oder: «Whose Autonomy? Which Rationality?». Eine kurze Replik auf Stephan Goertz, Journal of Ethics in Antiquity and Christianity 1 (2019), 74–77.

Höhne, Florian, Öffentliche Theologie. Begriffsgeschichte und Grundfragen, Leipzig 2014.

—, / van Oorschot, Frederike (Hg.), Grundtexte Öffentliche Theologie, Leipzig 2015.

Honecker, Martin, Vernunft, Gewissen, Glaube. Das spezifisch Christliche im Horizont der Ethik, ZThK 77 (1980), 325–344.

—, Sola scriptura im Bereich sozialethischer Entscheidungen, in: Schmid, Hans Heinrich / Mehlhausen, Joachim (Hg.), Sola scriptura. Das reformatorische Schriftprinzip in der säkularen Welt, Gütersloh 1991, 130–140.

—, Einführung in die Theologische Ethik, Berlin / New York 2019.

Horn, Friedrich Wilhelm, Stellungnahme zur Orientierungshilfe: Zwischen Autonomie und Angewiesenheit, in: Kirchenamt der Evangelischen Kirche in Deutschland (Hg.), Zwischen Autonomie und Angewiesenheit – die Orientierungshilfe der EKD in der Kontroverse, Frankfurt a. M. 2013, 21–24.

Huizing, Klaas, Homo legens. Vom Ursprung der Theologie im Lesen, Berlin / New York 1996.

—, Die Bibel. Postmoderne Gebrauchsanweisung, in: Beuscher, Bernd / Schroeter, Harald / Sistermann, Rolf (Hg.), Prozesse moderner Wahrnehmung. Kunst – Religion – Wahrnehmung, Wien 1996, 113–122.

—, Scham und Ehre. Eine theologische Ethik, Gütersloh 2016.

Hume, David, Über Selbstmord. Über die Unsterblichkeit der Seele. Vollständiger, durchgesehener Neusatz mit einer Biographie des Autors bearbeitet und eingerichtet von Michael Holzinger, Berlin 2013, 3–14.

—, Ein Traktat über die menschliche Natur. Teilband 2. Auf der Grundlage der Übersetzung von Theodor Lipps neu hg. von Horst D. Brandt, Hamburg 2013.

Jähnichen, Traugott, Sola Scriptura. Eine reformatorische Lösung, ihre Problemkonstellationen und ihre wegweisenden Perspektiven, in: Wick, Peter / Cramer, Malte (Hg.), Allein die Schrift? Neue Perspektiven auf eine Hermeneutik für Kirche und Gesellschaft, Stuttgart 2019, 113–133.

Jüngel, Eberhard, Das Evangelium von der Rechtfertigung des Gottlosen als Zentrum des christlichen Glaubens. Eine theologische Studie in ökumenischer Absicht, Tübingen ^{6}2011.

Jütte, Katrin / Jung, Volker / Lilie, Ulrich / Mawick, Reinhard, Abschied vom Prinzipiellen wagen. Der hessen-nassauische Kirchenpräsident Volker Jung und der Diakoniepräsident Ulrich Lilie streiten über den assistierten Suizid in evangelischen Einrichtungen, zeitzeichen 3 (2021), 8–11.

Kant, Immanuel, Der Streit der Fakultäten, in: ders., Schriften zur Anthropologie, Geschichtsphilosophie, Politik und Pädagogik 1. Werkausgabe Bd. XI. Hg. v. Wilhelm Weischedel, Frankfurt a. M. 1977, 265–393.

Käsemann, Ernst, Das Neue Testament als Kanon. Dokumentation und kritische Analyse zur gegenwärtigen Diskussion, Göttingen 1970.

Katholische Kirche, Katechismus der Katholischen Kirche, Oldenbourg 1993.

Kearney, Richard / Derrida, Jacques / Marion, Jean-Luc, On the Gift. A Discussion between Jacques Derrida and Jean-Luc Marion. Moderated by Richard Kearney, in: Caputo, John D. / Scanlon, Michael J. (Hg.), God, the Gift and Postmodernism, Bloomington 1999, 54–78.

Kirchenamt der Evangelischen Kirche in Deutschland (Hg.), Zwischen Autonomie und Angewiesenheit: Familie als verlässliche Gemeinschaft stärken. Eine Orientierungshilfe des Rates der Evangelischen Kirche in Deutschland (EKD). Im Auftrag des Rates der Evangelischen Kirche in Deutschland herausgegeben vom Kirchenamt der EKD, Gütersloh 2013.

Knuth, Hans Christian, Das Schriftprinzip der Reformatoren als Basis des ökumenischen Dialogs, in: ders., In Zukunft Luther. Gesammelte Texte des Leitenden Bischofs der VELKD, Gütersloh 2005, 151–164.

Körtner, Ulrich H. J., Zur Einführung: Das Ethische im Konflikt der Interpretationen, in: ders. (Hg.), Christliche Ethik – evangelische Ethik? Das Ethische im Konflikt der Interpretationen, Neukirchen-Vluyn 2004, 1–11.

—, Hauptsache gerecht – Wie die EKD Familie neu zu denken versucht, in: Kirchenamt der Evangelischen Kirche in Deutschland (Hg.), Zwischen Autonomie und Angewiesenheit – die Orientierungshilfe der EKD in der Kontroverse, Frankfurt a. M. 2013, 31–34.

—, Beihilfe zur Selbsttötung – eine Herausforderung für eine christliche Ethik, ZEE 59 (2015), 89–103.

—, Liebe, Freiheit und Verantwortung. Grundzüge evangelischer Ethik, in: Roth, Michael / Held, Marcus (Hg.), Was ist theologische Ethik? Grundbestimmungen und Grundvorstellungen, Berlin / Boston 2018, 93–111.

Konradt, Matthias, Ethik im Neuen Testament, GNT 4, Göttingen 2022.

Kruip, Gerhard, Ethik im Kontext von Theologie und Kirche aus katholischer Sicht, in: Roth, Michael / Held, Marcus (Hg.), Was ist theologische Ethik? Grundbestimmungen und Grundvorstellungen, Berlin / Boston 2018, 305–322.

Lampe, Peter, Der Bibel treu. Mit Paulus für Trauung gleichgeschlechtlicher Paare, zeitzeichen 1 (2017), 42–44.

Laube, Martin, Im Bann der Sprache. Die analytische Religionsphilosophie im 20. Jahrhundert (TBT 85), Berlin / New York 1999.

—, Vor welchen Anfragen sieht sich die Systematische Theologie heute? Vortrag auf der Jahrestagung 2013 der GwR Göttingen, 13. September 2013, in: Theo-Web. Zeitschrift für Religionspädagogik 12 (2013), 22–33.

Lauster, Jörg, Prinzip und Methode. Die Transformation des protestantischen Schriftprinzips durch die historische Kritik von Schleiermacher bis zur Gegenwart (HUTh 46), Tübingen 2004.

—, Zwischen Entzauberung und Remythisierung. Zum Verhältnis von Bibel und Dogma (ThLZ.F 21), Leipzig 2008.

—, Geist und Buchstabe. Grundprobleme der Hermeneutik, in: Danz, Christian / Murrmann-Kahl, Michael (Hg.), Zwischen Geistvergessenheit und Geistversessenheit. Perspektiven der Pneumatologie im 21. Jahrhundert (Dogmatik in der Moderne, Bd. 7), Tübingen 2014, 131–142.

—, Systematische Theologie, in: Nüssel, Friederike (Hg.), Schriftauslegung (TdT 8), Tübingen 2014, 179–206.

Leonhardt, Rochus, Ethik (LeTh 6), Leipzig 2019.

Lessing, Gotthold Ephraim, Eine Duplik (1778), in: ders., Werke. Hg. von Herbert G. Göpfert, Bd. 8: Theologiekritische Schriften III und Philosophische Schriften, bearb. von Helmut Göbel, München 1979, 30–111.

Lienemann, Wolfgang, Grundinformation Theologische Ethik, Göttingen 2008.

Lotter, Maria-Sibylla, Ich bin schuldig, weil ich bin (weiß, männlich und bürgerlich). Politik als Läuterungsdiskurs, in: Grimm, Herwig / Schleissing, Stephan (Hg.), Moral und Schuld. Exkulpationsnarrative in Ethikdebatten, Baden-Baden 2019, 67–85.

Löwe, Hartmut, Fatale Desorientierung, in: Kirchenamt der Evangelischen Kirche in Deutschland (Hg.), Zwischen Autonomie und Angewiesenheit – die Orientierungshilfe der EKD in der Kontroverse, Frankfurt a. M. 2013, 173–174.

Luther, Henning, Predigt als inszenierter Text. Überlegungen zur Kunst der Predigt, in: Grundfragen der Predigt, hg. von Wilfried Engemann / Frank M. Lütze. Leipzig 2006, 395–408.

Luther, Martin, D. Martin Luthers Werke. Kritische Gesamtausgabe, Weimar 1883 ff.

Lutz, Anna, «Herr Bedford-Strohm, würden Sie einen Roboter taufen?», www.pro-medienmagazin.de/herr-bedford-strohm-wuerden-sie-einen-roboter-taufen/ (05.10.2025).

Luz, Ulrich, Was heißt ‹Sola Scriptura› heute? Ein Hilferuf für das protestantische Schriftprinzip, EvTh 57 (1997), 28–35.

MacIntyre, Alasdair, Der Verlust der Tugend. Zur moralischen Krise der Gegenwart. Übersetzt von W. Rhiel, Frankfurt a. M. ²1997.

Mackie, John Leslie, Ethik. Die Erfindung des moralisch Richtigen und Falschen. Aus dem Englischen übersetzt von Rudolf Ginters, Stuttgart 1983.

Maikranz, Elisabeth / Ziethke, Carolin, Schrift und Tradition, in: Focke, Friedrich-Emanuel / van Oorschot, Frederike (Hg.), Schriftbindung evangelischer Theologie. Theorieelemente aus interdisziplinären Gesprächen (ThLZ.F 27), Leipzig 2020, 155–189.

Mathwig, Frank, Konfliktfall Bibel – Wie kommt die Bibel in die ethische Praxis?, in: Hofheinz, Marco / Mathwig, Frank / Zeindler, Matthias (Hg.), Wie kommt die Bibel in die Ethik? Beiträge zu einer Grundfrage theologischer Ethik, Zürich 2011, 285–322.

McNaughton, David, Moralisches Sehen. Eine Einführung in die Ethik. Aus dem Englischen übersetzt von Lars Schewe, Frankfurt a. M. 2003.

Meihofer, Tobias, Schrift als Autorität. Eine systematisch-theologische Studie zur Verständigung des Ökumenischen Arbeitskreises evangelischer und katholischer Theologen über die Geltung der Heiligen Schrift (Forschungen zur systematischen und ökumenischen Theologie, Bd. 179), Göttingen 2025.

Meyer zu Hörste-Bührer, Raphaela J., Tentative Thesen zur Bedeutung der biblischen Texte für ethisches Arbeiten, Journal of Ethics in Antiquity and Christianity 1 (2019), 96–97.

Moore, George E., Principia Ethica. Erweiterte Ausgabe. Aus dem Englischen übersetzt und hg. von Burkhard Wisser. Übersetzung des Anhangs von Martin Sandhop, Stuttgart 1993.

Mouffe, Chantal, Über das Politische. Wider die kosmopolitische Illusion, Frankfurt a. M. 2007.

Nagel, Christiane, Religionswissenschaft und Theologie. Disziplinen diskursiv denken (TBT 204), Berlin / Boston 2023.

Nietzsche, Friedrich, Ueber Wahrheit und Lüge im aussermoralischen Sinne, in: ders., Sämtliche Werke. Kritische Studienausgabe in 15 Bänden, Bd. 1. Hg. G. Colli und M. Montinari, Berlin / New York ²1988, 873–890.

Ohly, Lukas, Ethische Begriffe in biblischer Perspektive, Tübingen 2022.

van Oorschot, Frederike, Öffentliche Theologie angesichts der Globalisierung. Die Public Theology von Max L. Stackhouse (ÖfTh 30), Leipzig 2014.

—, Schriftlehre, Schriftauslegung und Schriftgebrauch. Eine Untersuchung zum Status der Schrift in der und für die Dogmatik (Dogmatik in der Moderne, Bd. 40), Tübingen 2022.

—, / Focken, Friedrich-Emanuel / Maikranz, Elisabeth, Hermeneutisches Anliegen, Fokus und Ziel des Projekts, in: Focken, Friedrich-Emanuel / van Oorschot, Frederike (Hg.), Schriftbindung evangelischer Theologie. Theorieelemente aus interdisziplinären Gesprächen (ThLZ.F 27), Leipzig 2020, 15–63.

Pannenberg, Wolfhart, Gibt es Prinzipien des Protestantismus, die im ökumenischen Dialog nicht zur Disposition gestellt werden dürfen?, in: Graf, Friedrich Wilhelm / Tanner, Klaus (Hg.), Protestantische Identität heute. FS Trutz Rendtorff, Gütersloh 1962, 79–86.

—, Die Krise des Schriftprinzips, in: ders., Grundfragen systematischer Theologie. Gesammelte Aufsätze, Göttingen ³1979, 11–21.

—, Was ist eine dogmatische Aussage?, in: ders., Grundfragen systematischer Theologie. Gesammelte Aufsätze, Göttingen [3]1979, 159–180.

Papenbrock, Patrick, Geist und Ethik. Pneumatologische Perspektive auf protestantische Ethik, unveröffentlichte Dissertationsschrift Universität Mainz 2025.

Peisker, Ulrike, Rezension zu Michael Rosenberger, Eingebunden in den Beutel des Lebens. Christliche Schöpfungsethik, Münster 2021, Journal of Ethics in Antiquity and Christianity 5 (2023), 123–125.

—, Zwischenmenschliche Vergebung. Phänomenologische Betrachtungen in protestantischer Perspektive (Religion in Philosophy and Theology), Tübingen 2024.

—, Kann theologische Reflexion zweitem Missbrauch und sekundärer Viktimisierung vorbeugen? Überlegungen im Anschluss an die ForuM-Studie, in: Pulte, Matthias (Hg.), Der Schutz der Integrität der Person. Prevention and Safeguarding (Mainzer Beiträge zum Kirchen- und Religionsrecht 16), Würzburg 2025, 113–133.

Petzoldt, Matthias, Sola scriptura – brauchbares Prinzip zur Rechenschaft über den Glauben?, in: ders., Christsein angefragt. Fundamentaltheologische Beiträge, Leipzig 1998, 11–24.

—, Wahrheit als Begegnung. Dialogisches Wahrheitsverständnis im Licht der Analyse performativer Sprache, in: ders., Christsein angefragt. Fundamentaltheologische Beiträge, Leipzig 1998, 25–40.

—, Die Theologie des Wortes im Zeitalter der neuen Medien, in: Körtner, Ulrich H. J. (Hg.), Hermeneutik und Ästhetik. Die Theologie des Wortes im multimedialen Zeitalter, Neukirchen-Vluyn 2001, 57–97.

Pfaller, Robert, Moralisieren ohne Moral, in: Grimm, Herwig / Schleissing, Stephan (Hg.), Moral und Schuld. Exkulpationsnarrative in Ethikdebatten, Baden-Baden 2019, 37–65.

Piper, Annemarie, Einführung in die Ethik, Tübingen / Basel [6]2007.

Polke, Christian, Was könnte das sein: theologische Ethik? Versuch einer thematischen Antwort, in: Roth, Michael / Held, Marcus (Hg.), Was ist theologische Ethik? Grundbestimmungen und Grundvorstellungen, Berlin / Boston 2018, 153–176.

Quante, Michael, Einführung in die allgemeine Ethik, Darmstadt 2003.

von Rad, Gerhard, Theologie des Alten Testaments Bd. II, München [9]1987.

Ratschow, Carl-Heinz, Art. Heilige Schrift, TRE 30, Berlin / New York 1999, 423–432.

Reckwitz, Andreas, Die Gesellschaft der Singularitäten. Zum Strukturwandel der Moderne, Berlin [5]2018.

Rentsch, Thomas, Gott, Berlin / New York 2005.

Reuter, Hans-Richard, Grundlagen und Methoden der Ethik, in: Handbuch der Evangelischen Ethik. Hg. v. Wolfgang Huber, Thorsten Meireis und Hans-Richard Reuter, München 2015, 11–123.

Ricken, Friedo, Religionsphilosophie (Grundkurs Philosophie 12), Stuttgart 2003.

Rosenberger, Michael, Eingebunden in den Beutel des Lebens. Christliche Schöpfungsethik, Münster 2021.

Roth, Michael, Evidenz und Gewißheit. Thesen zur Bestimmung von Offenbarung und Glaube, ZThK 98 (2001), 209–230.

—, Die Bedeutung der Fundamentaltheologie für die Evangelische Theologie, KuD 48 (2002), 99–117.

—, Normative Ethik und weltanschaulicher Pluralismus – Bemerkungen zur ethischen Urteilsbildung in der offenen Gesellschaft im Anschluß an G. Ebeling und M. Honecker, BThZ 21 (2004), 172–191.

—, Rezension zu Jörg Lauster: Prinzip und Methode. Die Transformation des protestantischen Schriftprinzips durch die historische Kritik von Schleiermacher bis zur Gegenwart, ThLZ 130 (2005), 425–428.

—, Das Verhältnis von Glaube und Schrift. Überlegungen zu einer protestantischen Bestimmung der «Autorität» der Schrift, BThZ 22 (2005), 230–249.

—, Das Religionsstunden-Ich. Der Religionsunterricht als Herausforderung für die Theologische Ethik, ZPT 60 (2008), 154–163.

—, Theologische Ethik als Ethische Theologie. Versuch einer enzyklopädischen Orientierung der Theologischen Ethik, in: Beyer, Michael / Liedke, Ulf (Hg.), Wort Gottes im Gespräch. Matthias Petzoldt zum 60. Geburtstag, Leipzig 2008, 119–141.

—, Was sucht lutherische Theologie bei den Kulturwissenschaften? Überlegungen zur Bedeutung des interdisziplinären Gesprächs für eine lutherische Theologie, in: von Lüpke, Johannes / Thaidigsmann, Edgar (Hg.), Denkraum Katechismus. Festgabe für Oswald Bayer zum 70. Geburtstag, Tübingen 2009, 507–526.

—, Vernunft des Glaubens – Vernunft des Glaubenden. Überlegungen zur Gefahr einer unangefochtenen Theologie für den angefochtenen Glauben, in: Schweitzer, Friedrich (Hg.), Kommunikation über Grenzen (VWGTh 31), Gütersloh 2009, 657–675.

—, Theologische Ethik als Wahrnehmungsschule für das Leben. Überlegungen zu einer seelsorgerlichen Ethik, in: Lasogga, Mareile / Roth, Michael (Hg.), Die Seelsorge als Herausforderung für die Ethik (Texte aus der VELKD 177), Hannover 2016, 49–57.

—, Warum wir Moralapostel nicht mögen und das Moralisieren verabscheuen. Zur Lebensferne der Ethik (Theologische Interventionen 1), Stuttgart 2017.

—, Art. Religionsstunden-Ich, Wissenschaftlich-Religionspädagogisches Lexikon, 2018.

—, Raum der Gründe. Warum wir andere zwar zu Fällen machen können, es sich aber nicht empfiehlt, dies zu tun, in: Kaspari, Tobias (Hg.), Raumbildungen. Erkundungen zur christlichen Religionspraxis. Festschrift für Stephan Weyer-Menkhoff, Leipzig 2018, 261–272.

—, Nichts als Illusion? Zur Realität der Moral (Theologische Interventionen 4), Stuttgart 2019.

—, Sechzehn Thesen zur Autorität der Bibel für die Theologische Ethik aus lutherischer Perspektive, in: Journal of Ethics in Antiquity and Christianity 1 (2019), 94–95.

—, Über kirchliche Propheten mit Tarifvertrag. Plädoyer für eine moralische Abrüstung, Stuttgart 2022.

—, Kirche und Politik: Anfragen an das Konzept der Öffentlichen Theologie, in: Pulte, Matthias (Hg.), Aktuelle Herausforderungen aus der Politik für Religion und Recht, Würzburg 2023, 11–34.

—, Oft zu einseitig. Warum sich die Kirche als Institution sparsamer zur Tagespolitik äußern sollte, zeitzeichen 6 (2023), 18–21.

—, Moralische Wahrnehmung. Über den Zusammenhang von Tatsachen und Wertungen, in: Peisker, Ulrike / Funk, Konstantin (Hg.), Ich sehe was, was du nicht siehst. Fragen moralischer, ästhetischer und religiöser Phänomenologie (Theologie – Kultur – Hermeneutik 38), Leipzig 2024, 21–44.

—, / Held, Marcus (Hg.), Was ist theologische Ethik? Grundbestimmungen und Grundvorstellungen, Berlin / Boston 2018.

Saur, Markus, Gute Zeichen. Eine Antwort auf Michael Roths Kritik an der rheinischen Landessynode, zeitzeichen 8 (2023), 46–47.

Schleiermacher, Friedrich, Der christliche Glaube. Nach den Grundsätzen der evangelischen Kirche im Zusammenhange dargestellt, Bd. 1, neu hg. u. mit Einl., Erläut. und Register versehen v. Martin Redeker, Berlin [7]1960.

—, Der christliche Glaube. Nach den Grundsätzen der evangelischen Kirche im Zusammenhange dargestellt, Bd. 2, neu hg. u. mit Einl., Erläut. und Register versehen v. Martin Redeker, Berlin [7]1960.

—, Über die Religion. Reden an die Gebildeten unter ihren Verächtern. Hg. v. Rudolf Otto, Göttingen [6]1967.

Schnädelbach, Herbert, Vernunft, Stuttgart 2007.

Schopenhauer, Arthur, Preisschrift über die Grundlage der Moral, in: ders., Werke in fünf Bänden, Bd. III: Kleinere Schriften. Hg. v. Ludger Lütkehaus, Zürich 1988.

—, Die Welt als Wille und Vorstellung. Vollständige Ausgabe nach der dritten, verbesserten und beträchtlich vermehrten Auflage von 1859, Köln 2009.

Schwöbel, Christoph, Art. Bibel IV, RGG[4] I, Tübingen 1999, 1426–1432.

Scriba, Albrecht, Echtheitskriterien der Jesus-Forschung. Kritische Revision und konstruktiver Neuansatz, Hamburg 2007.

Searle, John R., How to derive ‹ought› from ‹is›, Philosophical Review 73 (1964), 43–58.

Seils, Martin, Glaube (HAST 13), Gütersloh 1996.

Slenczka, Notger, Der Tod Gottes und das Leben des Menschen. Glaubensbekenntnis und Lebensvollzug, Göttingen 2003.

—, Die Kirche und das Alte Testament, in: Gräb-Schmidt, Elisabeth / Preul, Reiner (Hg.), Das Alte Testament in der Theologie (MJTh 25), Leipzig 2013, 83–119.

—, Die neue Paulus-Perspektive und die Lutherische Theologie, LuJ 80 (2013), 184–196.

—, Historizität und normative Autorität der Schrift. Ein neuer Blick auf alte Texte, in: Landmesser, Christof / Popkes, Enno Edzard (Hg.), Verbindlichkeit und Pluralität. Die Schrift in der Praxis des Glaubens, Leipzig 2015, 13–36.

Sparn, Walter, Theologie als kulturwissenschaftliche Disziplin an der Universität, in: Reuter, Hans-Richard, Theologie in der Universität: Dokumentation einer Tagung im Rahmen des Konsultationsprozesses «Protestantismus und Kultur», Heidelberg 1999, 90–122.

Sprenger, Reinhard K., Ohne Moral geht es nicht. Aber wir moralisieren alles – und das ist falsch, NZZ vom 11.04.2018, www.nzz.ch/feuilleton/bekenne-du-schlechter-mensch-ld.1375392 (30.03.2025).

Stengel, Friedemann, Sola scriptura im Kontext. Behauptung und Bestreitung des reformatorischen Schriftprinzips (ThLZ.F 32), Leipzig 2016.

Stevenson, Charles Leslie, Facts and Values, New Haven 1963.

Stoellger, Philipp, Die vielen Krisen der Schrift und ihre Aufhebung oder: Die Unplausibilität des Schriftprinzips und deren Folgen, KuD 69 (2023), 4–37.

Strauß, David Friedrich, Die christliche Glaubenslehre Bd. 1, Tübingen / Stuttgart 1840.

Striet, Magnus, Was macht die Bibel zu einer ‹heiligen Schrift›? Oder: Über den Verlust von Selbstverständlichkeiten als Gewinn, in: Breitsameter, Christof / Goertz,

Stephan (Hg.), Bibel und Moral – ethische und exegetische Zugänge (Jahrbuch für Moraltheologie 2), Freiburg i. Br. / Basel / Wien 2018, 31–44.

Tanner, Klaus, Überlegungen zu der Orientierungshilfe der EKD «Zwischen Autonomie und Angewiesenheit. Familie als verlässliche Gemeinschaft stärken», in: Kirchenamt der Evangelischen Kirche in Deutschland (Hg.), Zwischen Autonomie und Angewiesenheit – die Orientierungshilfe der EKD in der Kontroverse, Frankfurt a. M. 2013, 16–21.

Thomas, Günter, Im Raum der Barmherzigkeit Gottes leben und sterben. Theologische Betrachtungen zum bedingungslosen Recht auf Selbsttötung und den assistierten Suizid, ThBeitr 52 (2021), 173–190.

—, «Friendly Fire». Eine evangelisch-theologische Stellungnahme zu «Den assistierten professionellen Suizid ermöglichen» (FAZ 11.01.2021, «Die Gegenwart»), https://zeitzeichen.net/node/8775 (18.08.2021).

Troeltsch, Ernst, Glaubenslehre. Nach Heidelberger Vorlesungen aus dem Jahr 1911 und 1922, München / Leipzig 1925.

Ullrich, Wolfgang, Wahre Meisterwerke. Stilkritik einer neuen Bekenntniskultur, Berlin 2017.

Vernant, Jean-Pierre, Individuum, Tod, Liebe. Das Selbst und der andere im alten Griechenland, in: Janowski, Bernd (Hg.), Der ganze Mensch. Zur Anthropologie der Antike und ihrer europäischen Nachgeschichte, Berlin 2012, 155–171.

di Vito, Robert A., Alttestamentliche Anthropologie und die Konstruktion personaler Identität, in: Janowski, Bernd (Hg.), Der ganze Mensch. Zur Anthropologie der Antike und ihrer europäischen Nachgeschichte, Berlin 2012, 129–152.

Wagner, Falk, Zwischen Autoritätsanspruch und Krise des Schriftprinzips, in: ders., Zur gegenwärtigen Lage des Protestantismus, Gütersloh [2]1995, 68–88.

Welzer, Harald, Gegen Moralismus, taz.FUTURZWEI 9 (2019), 11–13.

Wendt, Fabian, Moralismus in der Migrationsdebatte, in: Neuhäuser, Christian / Seidel, Christian (Hg.), Kritik des Moralismus, Berlin 2020, 406–421.

Wenzel, Uwe Justus, Glaube und Vernunft, Stolz und List. Ein Rückblick auf die Regensburger Rede von Papst Benedikt XVI., in: Wenzel, Knut (Hg.), Die Religion und die Vernunft. Die Debatte um die Regensburger Vorlesung des Papstes, Freiburg i. Br. / Basel / Wien 2007, 11–15.

Wick, Peter, Vom sola scriptura-Prinzip zu einem Prä der Heiligen Schrift, in: ders. / Cramer, Malte (Hg.), Allein die Schrift? Neue Perspektiven auf eine Hermeneutik für Kirche und Gesellschaft, Stuttgart 2019, 63–76.

—, Zehn Thesen für eine praxisbezogene Hermeneutik des Neuen Testaments, in: ders. / Cramer, Malte (Hg.), Allein die Schrift? Neue Perspektiven auf eine Hermeneutik für Kirche und Gesellschaft, Stuttgart 2019, 89–91.

Williams, Bernard, Ethik und die Grenzen der Philosophie, Hamburg 1999.

Wischmeyer, Oda, Sola scriptura, claritas scripturae und sacra scriptura sui ipsius interpres. Kritische Überlegungen aus exegetischer und hermeneutischer Sicht, ZNT 20 (2017), 229–242.

Wittgenstein, Ludwig, Vermischte Bemerkungen, in: ders., Werkausgabe, Bd. 8 (Bemerkungen über die Farben/Über Gewißheit/Zettel/Vermischte Bemerkungen), hg. v. G. E. M. Anscombe und G. H. Wright unter Mitarbeit von Heikki Nyman. Neu durchgesehen von Joachim Schulte, Frankfurt a. M. 1984.

—, Vorlesungen über den religiösen Glauben, in: ders., Vorlesungen und Gespräche über die Ästhetik, Psychoanalyse und religiösen Glauben. Zusammengestellt und herausgegeben aus Notizen von Yorick Smythies, Rush Rees und James Taylor von Cyril Barrett. Deutsche Übersetzung von Ralf Funke, Frankfurt a. M. [3]2005, 75–98.

Zeller, Kinga, Luthers Schriftverständnis aus rezeptionsästhetischer Perspektive. Eine Untersuchung zu Anknüpfungspunkten, Transformationsmöglichkeiten und bleibenden Differenzen (Arbeiten zur Systematischen Theologie 15), Leipzig 2020.